與自己對齊

靈媒媽媽的心靈解答書4

Ruowen Huang

著

目錄

Chapter 3 ★

身體、心靈與情緒

Chapter 4 ★

同場加映：靈性應用篇

Chapter 5 ★

實現你的自我價值

目錄

前言

我有一個朋友，一直以來都很驕傲自己可以在男性主導的產業裡嶄露頭角，也從來不像其他女性一樣地顯露自己的情緒，因為她覺得自己今天之所以可以走到這一步，完完全全都是因為她喜怒哀樂不形於色的關係。她與我同樣是在「只要哭就會被打得更慘」的教育下長大，所以我不時地會建議她找個方法讓自己好好地哭一場，但她總是會用許多的藉口來搪塞，或試圖說服我「哭泣是一種沒有必要的行為」。

多年來，她上過很多身心靈的課，自認為已經對整個身心靈層面了解得很透徹，也極力地想要在身心靈上有所突破，卻總是覺得自己的內在像是被什麼東西堵住一樣，永遠沒有辦法突破自己，到達她想要的境界。而且每次只要我一提到情緒，她就像是腦子打結，完全不能理解她要不要哭究竟跟身心靈有什麼關聯。

但人生的課題哪是你說不做就可以不要做呢？中年以後，她發現自己的生活莫名的緊繃，以往的做法似乎再也得不到她想要的結果，她感覺整個人像是從生活的各個層面被逼向絕境似的。這個時候有人向她推薦了 **psychedelic therapy**（迷幻藥治療），她躍躍欲試地想要透過這個方法找到自己的盲點，卻在做療癒的時候大哭了整整八個小時。甚至在回到家之後，也無法自拔地哭了一個多禮拜之久。在這期間，她不能理解自己為什麼哭，過度理性的腦子讓她總是不時地想要為自己的行為找到最合理的藉口，這讓她在治療過後反而感到比治療前還累。在經過一段時間的消化後，她慢慢地看到自己一直以來的堅強與勇敢只不過是為了隱藏自己脆弱的偽裝，她口中的「不需要哭」其實更像是「不敢哭」。現在的她或許還是無法在人前掉眼淚，但至少已經慢慢地看到自己極欲隱藏的哀傷，並學著與它共處。

我的朋友不是這整個世界上唯一的奇人，在這麼多年的諮詢經歷裡，我看到無數心口不一的人受困在自己的情緒裡而無法自拔。明明難過卻告訴自己沒事、明明很重要卻老是說沒有關係、明明很在乎卻老是故作冷漠、明明不想做卻老是回答「我可以」……，因為相信自己嘴上的謊言，而慢慢地忽視內心真實的感受。或許，你們也像我的朋友一樣，當初因為害怕受傷而用來說服自己的謊言，如今已成了你的人生座右銘一般地堅不可摧。在你自以為萬無一失的謊言底下，一次又一次地在自己的身上創造出全新的傷口。孤單的人喜歡說「我不在乎」，但是在夜深人靜的時候又總是感到被吞噬般的孤單與寂寞。感受脆弱的人總是逞強，人前的堅強在人後卻成了一次又一次不被支援的難過。

在編寫這本書的時候，我正在完成我的人生清單旅行，在無數個國家與城市遊走。但在路途中我不但看到每個種族都有這樣的問題存在，就連在歷史古蹟上也見證了許許多多因為無法與自己對齊而釀成的悲劇。

如今我們正走向覺知的世代，對身心靈有興趣的人會愈來愈多，但別忘了，學會與自己對齊是奠定基礎的唯一管道。因為一個人若是不知道自己是誰、是什麼、要什麼，那麼就很容易受到外在因素的影響而左右自己的決定以及判斷能力。若是說出來的話總是言不由衷，自然不會知道自己真正想要的究竟是什麼，也無法正確地向宇宙下訂單。心口合一並學會真實地表達自己，只會讓各位更加地了解自己，並可以幫助你們更加沈穩以及踏實地走出未來的道路。或許在新的世代裡，我們可以跳脫過去那種言不由衷的惡性循環，創造出一些值得讓人期待的改變。

美麗的主編將書名訂為《與自己對齊》，希望各位可以正視、接納自己的情緒、自己的想法，不要習慣為了迎合，就說出或做出違背自己意念的話語或行為。這雖然只是眾多集數裡的一個章節，但明確地說明了自己一直以來不斷想要透過直播與大家分享的重點（主編果然很會捉重點**XD**）。我真心希望透過《與自己對齊》來幫助各位慢慢地找到自己，進而創造出你一直想要的未來喔。

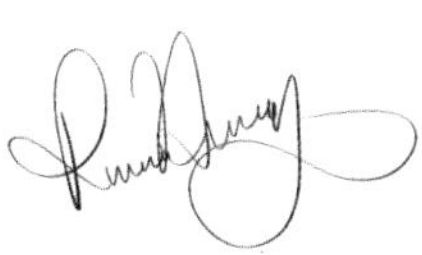

Chapter 1

你在恐懼什麼呢？

為什麼我們那麼害怕鬼？

・對應頻道 151 集・

不知道大家有沒有想過：為什麼我們這麼怕「鬼」？

由於「鬼」摸不到又看不見，民間鬼故事裡的鬼又總是一副無所不能的樣子，導致我們從小就覺得自己對鬼是無能為力的。不要說我們已經不知道「鬼」到底有多麼強大的法力，民間到處聽得到捉交替、惡靈附身、養小鬼，還有冤親債主來索命的故事……，真的很難讓人對鬼不產生恐懼。總覺得面對如此強大的力量下，自己什麼事也不能做。

因為天生有靈媒體質的關係，我幾乎是被鬼給嚇大的。由於身旁的大人都看不到鬼又怕鬼，使得他們也只能用「敬畏」的方法來教育小孩。於是在他們的觀念和民間鬼故事的影響之下，小時候的我也覺得自己沒有能力，更無法掌控「鬼」想要對我做的事。這樣的觀念導致我們在害怕的當下也不自覺地賦予鬼很多的力量，更加地擴大自己的無能為力感。然而，怕鬼還只是個開始，接踵而來的是自己總是害怕著生活中那些摸不著、看不見，或者完全接觸不到的事物。

直到我踏上靈性的旅程之後，我才開始正視這種隱藏在恐懼背後的無能為力感，並花心思去理解「鬼」究竟是怎麼樣的存在，以及要如何對付他們。那個時候的我總是忍不住想像有多少的小孩像小時候的我一樣，因為周遭環境對未知的恐懼而被教育自己也要跟著害怕，進而讓自己陷入一種什麼事都做不了的情境裡。正因為一味地害怕並沒有讓我在這些事物面前找到自己的力量，所以我開始懷疑，或許必須在了解他們之後，才有辦法真正地找到處理的辦法。也是在這個鑽研的過程中，我慢慢地找到對付「鬼」的方法，甚至可以與他們交手，收服他們。而結果如我所質疑的一樣，因為對他們有所了解，所以才有辦法找到應對他們的方式，進而讓我慢慢地找回自信，也讓我理解到：原來我們從一開始怕的根本就不是「鬼」，而是那種無能為力的感覺。

之所以拿這個主題來跟大家討論的原因就是希望大家可以換個角度思考。在現實生活中，有很多人明明看不到也感受不到鬼，但卻莫名奇妙地會怕鬼，你是否曾經想過自己害怕的真的是鬼嗎？還是鬼所投射出來的深層恐懼？像是害怕被人攻擊以及嘲笑、在人前覺得自己不夠好、覺得自己沒有人支持，害怕自己被拋棄等。凡此種種難道不都等同於「鬼」的存在嗎？這些全都是摸不著也看不見，但會讓我們把日子活得膽顫心驚的信念。我們不只是怕它們，更是賜予它們掌控我們人生的力量。不管別人說什麼，又或者是建議我們要如何克服它們，我們總有許多理所當然的藉口來合理化自己的恐懼，讓我們因為害怕而無法前進。

然而，一味地恐懼並不會讓你改變任何事。你是否有發現，小時候害怕的東西一直到現在還是害怕？這些你害怕的事物是否有因為你長大成人了而有所改變呢？今天我們面對這些恐懼的心態就如同我們看待鬼的方式是一樣的。明明摸不著也看不見，卻因為內心早就說服自己「應該害怕」，所以理所當然地什麼事也不能做，只能在它發生的時候任由宰割。

我覺得整個靈性旅程教會我最重要的事就是：面對恐懼才是克服它的最好方法。也就是說，當你對任何的人事物產生恐懼，與其一味地害怕，並賦予恐懼力量，最好的方法是去了解它們，並找到處理以及解決的辦法。一旦找到解決方法，那就會像我找到對付鬼的方法一樣，可以慢慢地將自己的力量以及主導權拿回來。

舉例來說，有人害怕或是討厭在牆上鑽洞嗎？對於像我這種視覺上過度追求美感的天秤座來說，其實是很不能忍受牆上有洞的。所以除非很確定這個物件要一直掛在牆上，要不然絕對不會在牆上鑽洞。這個習慣一直維持到我買了房子。由於屋裡有許多需要補貼的地方，讓我開始去學習各種裝修的技能，也開始發現原來補牆上的洞是一件很簡單的事，這讓我對於「在牆上鑽洞」這件事釋然了許多，不再總是嚴格要求家人不要隨便在牆上鑽洞、釘釘子。

又或者有人的家裡是鋪木頭地板嗎？完美的原木地板總是怕刮，剛鋪完的那一陣子，我家總是天天被老公禁止不要亂動家俱、不要把東西掉到地上……，搞到全家人每天都戰戰兢兢，努力地不在完美的原木地板上留下任何的痕跡。但是，原木地板是鋪來用的，不是鋪來看的。我們直到知道如何修復地板之後，才終於停止這種猶如踩在蛋殼般膽顫心驚的生活。

之所以舉這些例子是希望讓大家知道，面對生命中無論是看得見或是看不到的恐懼，最好的方法不是一味地逃避它，而是去了解它的根源，並花點時間找到解決和面對這件事的方法。一旦你了解自己為什麼怕、又知道可以用什麼方法來解決的時候，你就會發現自己拿回了生命的主導權，而不是一直給予那些恐懼的事物操控你人生的力量。了解自己的問題是什麼、為什麼害怕、以及如何去處理，全都是你現在可以開始著手的方向。這才會是你們想要的人生，不是嗎？

這裡再做個補充。每個恐懼產生的當下，都會有至少三到五個可以讓你感到安心的事物同時存在。所以當你在面對恐懼的時候，與其強迫自己硬著頭皮面對，其實可以試著學習在當下找出三到五個讓你感到安心的事物。舉例來說，我曾經帶過一個很怕搭電扶梯的小男孩。每每要搭電扶梯的時候，我都會問他「在當下」有哪三件事是讓他感到安心的。這個時候的他會開始注意到扶手、身旁的人，或是周圍的環境，而不會將所有的注意力集中在他的恐懼之上。慢慢地，經過幾個月的練習，他不再害怕電扶梯，他學會每次一有恐懼發生的時候，都會第一時間專注在那些可以讓他感到安心的事物上。這個方法，或許也適用於各位面對所有恐懼之時。與其專注在自己的無能為力，或許在當下找到可以給你力量的事物，藉此轉移你對恐懼的焦點，也是個不錯的方法喔。

為你的口音感到驕傲

·對應頻道 157 集·

即使在加拿大居住了二十幾年，每天都用英文處理生活中的大小事，但是我的語調還是有很重的台灣口音，這在我所有的英文直播裡也是顯而易見的。我在購物的時候，也很常遇到很多收銀員因為覺得自己的英文不好，所以總是扭扭捏捏的，甚至不好意思開口說話，或是因為自己的發音、文法不正確而不斷地道歉。

英文算是我的第三語言。在我國小三年級還沒有搬到台北以前，其實我是在純台語的環境下長大。在我那個年代的台灣，中部以南大多是使用台語，而中部以北大多是使用國語。所以我剛搬到台北的時候，我的國語總是有很重的台語口音，常常因此被同學們笑我是鄉下來的孩子，生活上也難免會遇到一些差別待遇。或許是因為長期受到朋友們的嘲笑，所以我極力想要更正自己的台灣國語，隨著自己在北部居住的時間愈來愈久，國語開始慢慢地取代了我的第一語言。

之後當我學英文的時候，同樣因為語調裡濃厚的台灣口音，導致很多人並不清楚我想要表達的是什麼，這也間接地引發了我的民族自卑感，進而促使我想要更正自己的語法與腔調，還幾度因為矯枉過正而忘了該怎麼說英文。但是不管我再怎麼努力，我的台灣口音始終沒有辦法完全地調整。

搬到國外之後，即便每天練習說話的機會很多，但我還是常常因為害怕自己說得不夠標準、容易出錯而不敢在人前表達自己，變得不敢開口。直到某一個偶然的機會，我發現自己竟然看得懂電視上的新聞時，才頓時信心大增，覺得我的英文或許不像自己想像的那麼糟，因而變得比較有勇氣在大眾面前表達。通常有學第二國語言的人應該都有相同的經驗，也就是無論你的語文能力有多好，但是在母語人的面前開口總有點畏畏縮縮，老覺得自己不夠好，不斷地讓內在的自卑感來抑制自己的表達能力。也會因為緊張而變得不知所措，更會為自己的表達能力設限。

直到踏上靈性旅程之後，我開始對口音產生不一樣的想法。我在國外遇見很多來自世界各地的朋友，我遇見來自日本、韓國、拉丁語系，抑或是從印度來的朋友，每一個國家都有很獨特的口音。特別是印度的朋友們，可能是因為他們的民族本身說話就比較快，導致他們說話時總有一種每個字都黏在一起的感覺，也因為這樣，我起初常常聽不懂他們要講什麼。但或許是因為接觸的人愈來愈多的緣故，使得我對口音的接受度愈來愈高，也從一開始非得要對方發音標準才聽得懂，慢慢地被訓練到什麼口音都不會影響我解讀他們想要表達的意思。透過這樣的練習之後，我才意識到沒有人有資格去批判任何人的口音。因為人們說話有口音，往往代表著他們有自己的母語，而夾帶口音的語音往往是他們的第二或是第三個語言。願意學習另一種語言的人多半比較願意敞開心胸去接受另一個國家的文化與習慣。人們之所以學習第二語言，大多是希望可以透過人與人之間的溝通以及環境互動，來幫助自己了解一個完全陌生的文化。

就像我們可以透過觀看國外影集來了解一個國家的文化、表達方式以及獨有的民俗風情與幽默等等。我觀察後發現，大多數會説兩國以上語言的人都是思維較為開放的人，因為在學習語言的過程裡間接地接受了與自己母國不同的文化，讓他們在面對與自己不同的人事物上也會相對地有較高的接受度。當這些人實際地了解另一個文化之後，往往會回頭與自己的文化融合而產生另一個新的中立文化。我們都知道當我們對任何一樣事物有了全然的了解之後，必然可以從中區分出它的優缺點，這個時候若是與自己的認知再做結合時，自然會再生成另一個新的認知。這也是我這些年來在眾多習慣多語教育的人身上所觀察到的共同性，他們往往比較願意接受與自己不一樣的思考模式、人文教育以及民俗風情，也因此我開始發現自己不再那麼在乎人們擁有濃厚的口音，反倒是開始佩服他們的多語教育。因為他們被教育的不單是語言，而是種生活態度。於是，當人們笑我的英文有濃厚的口音時，我不再自覺英文不夠好而不敢開口，反而會理所當然地告知對方説因為我是台灣人啊。一個人的口音會隨著他們的使用程度以及與這個文化的融合度而產生變化，當你習慣用第二種語言表達自己的時候，它會慢慢地取代你的第一語言。

所以，**Embrace your accent.** 當你們在說第二語言時意識到自己的濃厚口音時，不要再產生民族自卑感，因為當你說出第二種語言時，就已經證明了你是個開放以及願意接受第二種文化的人。我有時也會笑老公說中文的樣子，但不是笑他中文說得不好，而是覺得他的用詞很可愛。所以不要把所有人的取笑當作是種污辱，有時候對方可能只是覺得你很可愛罷了，就當作你讓對方擁有快樂的一天吧。

這篇文章希望給各位一個不一樣的角度思考，不要總是急著想去糾正他人的口音，或是讓自己的自卑感在學習語言的過程中大暴走。有時候只是換個角度去看待一件事，就能讓你在過程中得到完全不同的體驗。有網友好奇我會不會覺得一個人在講中文以及講英文時會有不同的邏輯思考模式，這個答案是必然的。因為不同的國家有不同的民情文化，思維模式和表達的語句自然也會有所不同。習慣用不同的方式來表達，自然會間接地改變或轉換我們原本的思考模式。一個人深入一種語言時，他必然也會跟著深入了解一種文化，也可以因此分辨出兩者的差別。就猶如我用中英文直播時會發現自己會根據對不同文化的了解，而使用不同的方式來表達相同的訊息。

住在國外的勇氣

・對應頻道 158 集・

常常有人問我二十年前如何有勇氣隻身搬到國外居住？我沒有辦法給各位正解，只能藉由這個話題分享我個人小小的意見。

以前的我常常覺得「勇氣」就像「靈媒體質」，可能有些人有，有些人沒有，是因人而異的。也就是說，我對「勇氣」這兩個字一直是種「唯命論」的信念，相信它就像是人的基因一樣，不是人們想要就可以擁有，也不是我想教就教得會的。但是在這一路的靈性旅程中，我清楚地意識到自己的觀念是大錯特錯，因為「勇氣」根本不是完全不可改變的基因，而是每個人都有辦法訓練出來的肌肉（就跟一直隱藏在肥肉底下的六塊肌一樣）。只不過我們從來沒有被教育要如何去使用／激發它，才理所當然地認為自己是個沒有勇氣的人。

其實「勇氣」對我來說比較像是一種靈性肌肉，是透過不斷挑戰自己的舒適圈所產生出來的。小時候的我很羨慕同學們在遇到害怕或是新的事情時，總有家人在身旁支持鼓勵著他們繼續前進。這對於從有記憶以來就總是寄人籬下的我來說，根本是件連想都不敢想的特權。但正因為如此，即便我身處在陌生的環境，又或者是面對任何恐懼的事情時，我也早已經習慣硬著頭皮強迫自己學習面對與適應，因為我沒有辦法期待父母可以替我處理自己無法面對的事，凡事都只能靠自己。在我的觀念中，我不覺得自己是勇敢，而是別無選擇。也因為這樣的心態，不知不覺中養成了面對自己的恐懼的習慣，卻沒有想到這在別人的眼裡是一種「勇敢」的象徵。不過正如前面所提到的，勇氣不是與生俱來，而是透過不斷地練習所產生的靈性肌肉。說穿了，不是我天生勇敢，而是練習的機會比常人多一點罷了。

一個人在成長的過程裡其實有很多跳脫舒適圈的機會，那很可能是向他人坦承自己的感受、跟另一半分手，又或者是與家人劃清界限……。當人們離開自己的舒適圈時，內心總是難免會面臨恐懼與拉扯。因為那往往表示自己得要重新開始，更不用說是去面對毫不明確的未來。但其實只要願意跨出第一步，就代表願意去面對自己內心的課題。無論你害怕的是什麼，只要願意去面對內心的恐懼，進而找到處理以及面對的方法，這些行為全都是勇氣養成的開始。只要願意跨出第一步，後面的路自然會為你敞開。所以如果各位想要知道「勇氣」究竟是什麼的話，對我來說它就是一種透過常常挑戰自己跨出舒適圈所養成的肌肉。這種肌肉會幫助你在成長的過程裡更了解自己，也更有勇氣去面對未來更大的挑戰，以及嘗試一些新的挑戰，讓你更相信自己所做的每一個決定，也會對未知的未來更有信心。

回到開頭的問題：為什麼我有搬到國外住的勇氣？在我的觀念中，我不知道這是一種「勇氣」，只以為這是一種人生的抉擇而已。因為從小的生長環境讓我即便在面對陌生、需要跳脫舒適圈的選擇時，總是會先選擇自己沒有試過的那一個選項。這很可能是因為我早就清楚地知道選擇了舒適圈會有什麼樣的結果，那麼何不嘗試自己不知道的呢？我向來喜歡探索自己不熟悉的領域，對於年少輕狂的我來說，試過了才會更加地幫助未來的我活出自己想要的樣子。所以「搬到國外」跟「搬到其它縣市」對我來說並沒有什麼不同。但其實搬到國外並不是只需要勇氣就可以了，就像每個人到任何一個陌生的環境居住一樣，總是會遇到種種新的挑戰以及適應期，勇氣只會幫你開個門，未來還是需要靠你不斷地探索才能創造出來。你必須不斷地提醒自己去克服那種不適感，並且正面地面對接下來的挑戰。真的可以讓自己持之以恆做下去的，其實是需要人們從中找到自信，並且為未來設立明確的目標。

就拿我和老公故事來舉例。當初老公問我要不要搬到加拿大時，我很可能是被愛沖昏了頭，也可能是因為年少輕狂，所以即便不確定兩個人未來合不合得來，我還是想要試試國外的生活。我總想著：就算未來合不來分手了，自己也隨時可以回到台灣再重新開始。但是搬到國外之後，我發現不管自己是多麼獨立的人，多少還是會對另一半有所期望。除了期望對方可以提供生活所需之外，另一半也會期望你可以在新的國度裡創造出屬於自己的生活圈。在共同的壓力之下，人們會忘了要彼此體諒。我們會期望另一半可以像其他人一樣正常地生活，但卻常常忘了彼此是來自不一樣的文化與背景，可能在民族交融上也會有種種的限制，無法像正常人一樣去找工作、上課。這也是為什麼有很多為愛走天涯的人，很容易在剛搬到國外的時候就因為常常跟另一半吵架而分手。那個時候的我們跟其他人沒有什麼不一樣，只不過剛好有朋友介紹我們去上了一堂身心靈的課程，而我從這堂課得到的最大收穫就是學會對自己的決定負責，也就是停止把自己的不快樂完全歸咎到另一半身上。因為改變了自己的態度，我開始去省思自己當初為什麼會選擇搬到國外，並思考自己究竟要從這個體驗中學到什麼，這才讓我開始認真地去面對接下來生活中出現的每一個考驗，並慢慢地奠定我在國外生活的基礎，透過對自己的決定負責而讓生活變得更加地踏實。因為這個經驗，讓我也試著教育小孩要為自己的言行負責，並不斷地省思自己的決定，為自己創造出想要的未來。

這看似毫無關係的例子，是想讓大家知道所謂的「勇氣」其實只會幫你開個頭，至於要不要著手去做，終究還是你個人的決定。明確的目標可以幫助你在跨出第一步之後得以持之以恆地繼續，也可以讓你在遇到挫折的時候再重新站起來。而這不單單只限於搬到國外居住，「勇氣」可以落實在很多不同的層面，例如：一個人的環島旅行、結束一段漫長卻早就知道不適合的感情、換一份新的工作或是朋友圈，甚至是改變飲食習慣減肥等等。當人們決定在生活中做些改變的時候，難免會因為不熟悉的感覺而產生恐懼，進而因為自我懷疑而卻步。但如我所說：勇氣是需要透過不斷地跳脫舒適圈而慢慢產生的，所以有明確的目標則可以協助自己繼續前進。因為人們若只是單純地說服自己去做一件事，卻沒有明確的目標的話，那麼一旦遇到挫折就很容易退縮回自己的舒適圈裡。當然，隨著每個人的成長，你原本設立的目標很可能會因為時間而改變，在這種情況下，建議各位可以設立較為短程並容易達成的目標來幫助自己踏出第一步，等到達到那個目標之後再設立下一個目標。

此外，我很少建議客戶在還沒有找到自己之前就放棄一切去創造一個全新的生活，因為我清楚地知道這條路是需要時間去挖掘的。在這個情況下，建議各位可以在現有的環境裡撥出一點時間探索自己真正喜歡做的事是什麼。勇敢地探索以及挑戰自己未知的領域，不但可以擴充你未來的選項之外，還可以幫助你慢慢地找到自己，包括我是誰、我要什麼以及想要成為什麼？這些在靈魂的旅程裡都是非常重要的基礎，因為如果人們連自己是什麼都不知道的話，那麼未來就很容易受到外在因素影響而擺盪。勇氣說穿了只不過是一種常常挑戰自己的習慣，這種習慣（又或者該說任何習慣）其實是需要時間來養成的。清楚地知道自己想要成為什麼，除了可以幫助你持之以恆之外，也可以縮小你挑戰以及嘗試的範圍。

就拿換工作來說，**大部份的人之所以想換工作，可能是因為老闆不好、同事相處不好、待遇很差、工作地點遠、時數長等等的外在原因，但顯少是因為這份工作沒有辦法讓自己成為或是達到未來想要成為的那個樣子**。雖然有很多人常常把「這份工作看不到未來」掛在嘴上，但他們並不是真正地知道自己想要什麼樣的未來。因為習慣性地挑剔著不喜歡的人事物，導致他們就算換到下一個工作還是會遇到自己不喜歡的人事物。這種沒有目標又周而復始的行為，讓他們慢慢在這種循環裡迷失了自己。但是一個明確知道自己是什麼以及要成為什麼的人，會把身旁的種種挑戰都當作是練習的機會，並試圖找出解決的方法來突破現有的困境，因為他們知道每一個挑戰都會為他們帶來肌肉。等到他們在一個工作裡再也找不到可以發展的空間時，他們會帶著全身的技能去找下一個更適合他的未來。也因為未來的目標夠明確，讓他們在面對困境時不會一味地抱怨，而會努力找出解決方法。生命中的任何嘗試，即便是遇到失敗，都是為了幫助你在未來成就那個靈魂想要的模樣。就像小孩是為了拿到東西而學走路，鮮少是為了想走路而學走路。明確的目標可以讓你的身體產生自然的反應，肌肉也是透過不斷地練習與失敗才能夠慢慢地養成喔。

為什麼我們再也感受不到愛？

・對應頻道 175 集・

大家有沒有覺得「愛」真的是件很玄的東西。古今中外人們總是不斷地想要為「愛」定下註解，但我發現「愛」這東西真的是因人而異的。每個人會因為自己的需求不同，而對愛產生不一樣的註解。有些人會說愛是一種讓人安心的感覺，有些人則覺得愛是種滿足感，更有人覺得所謂的愛是種怦然心跳的感覺。只不過我到這個年紀後發現，愛本身是依照個人的需要而定的，當每一個人內心的需要被滿足時，他們自然就會感受到愛與被愛的感覺。

但我今天不是想與大家討論愛是什麼東西，而是想探討為什麼大部份的人都感受不到愛。我遇到挺多的客戶抱怨自己在關係裡面再也感受不到愛，可能是因為老公外遇，又或者是自己想外遇，更常聽到的是兩個人在一起太久，一覺醒來就發現自己不再愛對方了……。我雖然不知道大家有沒有這些感覺，但在這個章節，請暫時容許我將上述這些行為歸類成「人性」。就好比一段關係剛剛開始的時候，我們常常為了要討好對方而會讓自己多做一點、委屈一點，又或是妥協一點，我們用個人對愛的定義一味地為對方付出。為了拉攏彼此的關係，我們會將就、委屈，甚至是犧牲。我們做錯事時會急著道歉，就算不是自己做錯事也會急著想補救，因為我們的內心總是害怕對方隨時會離開，因此在兩個人的關係還沒有確定以前，行為總是不敢太過於放肆。我把這段時間稱為情感的蜜月期。蜜月期通常維持三個月到半年左右，一般是對新事物的好奇所產生的新鮮感。在這個階段的情侶們總是情人眼裡出西施，就算對方再糟，你也會自動解釋成好的，同時你也會想盡辦法呈現自己最好的一面。在蜜月期裡很多事情都會被放大，就連稀鬆平常的瑣事，也會讓你感激得痛哭流涕。你不只很容易被滿足，更容易感受到愛的存在，因為不管對方做了什麼，身旁有個人總比之前孤單一人來得好。

過了蜜月期之後，人們可能會選擇同居。也因為習慣了彼此，這時候你會發現當初因為愛而特意付出的好以及心甘情願，如今全成了一種理所當然的存在，我們不再像剛剛交往時那般懂得感激，反倒會開始變成要求與期待，只要對方對我們稍微不好一點，我們還會質疑他們變了。而這種理所當然，在結婚生子後會變得更加嚴重。那些原本一開始對方可能注意到你多做的事：你的特意打扮、煮飯，又或是對他的父母好等等，在結婚之後全被當成你原本就是這個模樣。非但如此，還很可能被嫌棄「不夠好」、沒有達到對方所期待的標準。原先的感激成了期待，一開始的好成了理所當然，隨著兩人相處的時間過長，再也無法從對方口中聽見感謝，只剩下滿滿的抱怨。而愛的感覺就在這種彼此埋怨的過程中慢慢地消耗殆盡。

愛的感覺在感激轉化成為期待的時候，其實就開始消失了。只不過大多數的人為了習慣（更多是責任與義務），而把愛當作是一種理所當然的回報。在彼此期待的互動中，人們予取予求，忘了感激，把所有的付出都當成理所當然，更不用說日復一日重覆的行為更是成了習慣。不像兩個人剛開始交往的時候，還會因為對方的一舉手一投足而感到有趣，也會真心地聆聽對方想要說的事。但是習慣的養成會讓我們自以為摸透了對方，也會把對方的付出都視為理所當然，這使得當初那種讓人怦然心跳的新鮮感漸漸地變得索然無味，更因為習慣，不願意再探索新的事物，就像再好吃的食物天天吃，最後也會食之無味。

接下來我們來談談人們為什麼會有外遇。其實這跟大自然的法則很像，無論是男生或女生有外遇，最主要的原因在於，當我們在一段關係裡面再也感覺不到被欣賞以及被感激的時候，也就是當自己的付出完全得不到任何回報與欣賞的時候，就會開始讓人懷疑自己待在這段關係裡的必要性，導致人們會有想要外遇，對外尋求價值的衝動。兩個人在剛開始交往的時候會因為注意到對方為自己做的一點小事就感到感激，小至為了約會而刻意打扮，大至願意為了自己的父母而放下身段。但是當兩個人的關係變成一種彼此期待的時候，每天回來第一件注意到的事，很可能是為什麼飯沒有煮好，房子沒有打掃乾淨，又或者是為什麼小孩一直哭……。不管我們在當下所感受到的責任與義務為何，我們往往沒有意識到自己態度上的改變，只會不斷地拿當初戀愛怦然心跳般的感覺相比，而一直著重在自己再也感受不到愛（或是當初交往時的感覺）。我們往往會將所有的重心放在責任與義務之上，而忘了婚姻（或是任何情感）是需要靠經營維持下去的。

男人與女人對於被感激的定義其實是不一樣的，當然這鐵定也有特例，但我只是就普遍的狀況與大家分享。就像是自然萬物，男生除了外表上的鮮明之外，更重要的是他自身的能力。就好比我們會注意到自然界中，雄性永遠都比雌性還要來得多彩炫目，就算不是在外表上取勝，也大多是爭鬥後的勝出者才會得到雌性青睞。人也是同樣的道理，不單只是外表要得體，氣質、架勢與能力同樣是吸引女性的特質，就如同自然萬物般，總要在某一方面有所突出，展示自己有供給的能力才會得到女性的喜愛。反之，在大自然中雌性是相對較樸素不吸睛的（當然，我相信這世界上一定有特例），女性一旦投入到家庭裡面就有築巢的本能，這樣的本能使得他們一旦投入到任何的關係裡，就會不自覺地付出。所以男性往往會自動扛起供給者的角色，而女性會主動扛起築巢者的角色，這使得許多的女性一旦進入婚姻就會容易疏於打理自己，而將重心轉移到築巢安家之上，而男性會著重擴展自己的事業以及社會地位。也因為彼此只專注在自己的事情上，而容易忽略彼此之間的交流，使得兩人的關係漸行漸遠。

女性會開始抱怨男人不幫忙打理家務，男性則會抱怨女人不體諒賺錢的辛苦，原本一開始還感謝彼此各司其職做自己份內的事，如今卻抱怨對方為什麼不能做跟自己相同的事。於是在關係中的男女再也無法從彼此身上得到感激與欣賞，進而向外尋求當初那種怦然心動的感覺，透過他人的欣賞來重拾自己的個人價值。

所以，為什麼我們沒有辦感受到愛，又或者為什麼我們會想要外遇，其實建立在一個很基本的條件：我們的內在仍有著強烈的不安全感（無論那個不安全感是什麼）。我曾說過，如果一個人不懂得愛自己的話，那麼他就沒有辦法真正地與別人相愛，因為他永遠會帶著自己的不安全感，將短暫的慰藉誤解成愛的感覺。更重要的是，人們太把一切都當作理所當然，所以才不能感受到愛。當一個人不懂得感激的時候，其實就已經開始慢慢地磨損愛的存在，又或者是曲解愛的定義。早期交往的時候，我們會專心聆聽對方想要與我們分享的一切，如今對方所說的每一件事都如同白噪音一般沒有任何意義；曾經在對方眼裡顯得特別的自己，如今卻如同毫不起眼的擺飾品般可有可無，人們因為習慣、責任與義務，而不再願意在對方身上花費任何心力，也不覺得有互相幫忙、談情說愛的必要。在這樣的模式下，就算兩人當初相愛的時候再轟轟烈烈，也會因為時間而慢慢地消耗掉建立起來的感情。感情是種消耗品，所以需要靠持續不斷的供給才能維持，而不是一旦擁有就可以永久保存。

我們其實常常忽略一件事，那就是人都是會成長的。今天不是透過對方跟你說了什麼而知道對方的成長，而是像一開始交往那樣，花一點時間去觀察與聆聽對方的分享，從他們分享的事件裡觀察他們的作法、反應以及情緒，進而幫助我們更加地了解對方。這個時候，我覺得可以跳脫日常的生活模式，偶爾去約個會來幫助兩人的情感加溫。而不總是等到兩個人走不下去，才後悔自己當初應該做些什麼。

相信各位一定聽過七年之癢吧？其實我們人體的細胞只需要七年的時間就可以全身更新，也就是說每七年你就會有個全新的自己。所以我給各位的建議是，與其讓兩人的關係漸行漸遠，不如與對方用同樣的步調一起成長下去。即便孩子還很小，還需要人照顧，也請找個鐘點保姆來照顧，好讓你們兩個人有時間可以單獨出去約會，增加兩人重新認識彼此的機會。你們的心情好，孩子自然而然地也會受惠。婚姻就如同公司每個月做績效報告一樣，也需要經常性地檢討改進。既然是想要走一輩子的人，當然更需要花點心思經營。一起創造共同的喜好、興趣與話題，一起想辦法重拾當初戀愛時的感覺，這需要兩個人一同努力才有辦法創造出來。一個沒有安全感的人會不斷地想從任何地方尋找安全感，所以在一段感情／婚姻關係裡面，若是兩人沒有辦法學會溝通並且一起成長的話，那麼漸行漸遠是遲早的結果。不要總是等到兩人的關係完全沒有辦法補救才悔不當初。如果對方真的是你想要走一輩子的人，那麼就不要吝於花時間約會，試著開發共同喜好、興趣與話題，更不要把對方的付出視為理所當然，這才是保持愛的感覺的最佳辦法。

為什麼我們會說謊？

・對應頻道185集・

大家有沒有說謊的經驗呢？就是明明知道自己不應該這麼做，但是在他人對質的時候還是忍不住地為自己編了謊言，而後又總是活在一種害怕被人拆穿的膽顫心驚中。等到有一天謊言被拆穿了，除了羞愧之外還有很深的罪惡感。明明知道一開始就坦白是最好的方法，但是就是怎麼都無法說出真話，寧願讓罪惡感一直困擾著自己……。今天想要藉由這個章節來跟大家聊聊為什麼我們會有說謊的習慣。

不知道大家小時候有沒有遇過這樣的事情：父母明明答應要帶你去兒童樂園／夜市／百貨公司玩，但是總是忘了實現承諾，老拿「改天有錢／有閒／有車再帶你去」做為推託之詞，直到你都長大成人甚至生子了，還沒見他們履行過承諾。父母很喜歡拿忙碌做為藉口，認為小孩子應該體諒大人賺錢養家的辛苦，也應該理解他們沒有時間陪伴的苦衷。所以無論承諾了什麼大小事，總是合情合理地拿「忙」做為自己不能履行承諾的理由，進而養成不需要對自己的話負責的習慣。有些時候父母會覺得不是自己不想履行承諾，而是生活的責任義務讓他們挪不出時間，又或者更多的時候是因為時間過得太久也就遺忘了自己當初的承諾。但不管父母如何辯解自己為什麼無法履行承諾，在小孩子的觀念裡就是說謊的行為。答應的事卻沒有做到，對小孩子來說就是謊言。

當一個小孩長期活在謊言底下，他自然而然會覺得說謊是**Okay**的。由於從小到大在這樣的環境長大，他當然會覺得大家都這麼做，甚至會覺得自己說個小謊又有什麼大不了。當然，這可能不適用在所有的人身上，我相信有很多人因為不喜歡被騙的感覺，所以自然會選擇不要說謊。但即便是這樣，再怎麼誠實的人還是免不了會說謊，因為當人們覺得說謊的後果會遠比坦白來得輕微的時候，往往會選擇謊言，在這種情況下，我們通常會將之解釋為「善意的謊言」，也就是為了不讓對方傷心而選擇説謊。但無論我們選擇在什麼樣的情況下説謊，通常我們都會習慣性地為自己的行為辯解，好讓自己感到好受一些。所以大部份的人之所以選擇説謊，都是因為覺得謊言會比實話的代價來得小。

就靈性的角度來看，我覺得説實話的代價永遠小於謊言，特別是在因果現世報的時代，任何丟出去的能量都會立馬回收成為「後果」。或許你覺得自己説謊是為了保護對方，但是為了隱藏謊言，後續所引發的罪惡感以及害怕被揭穿的恐懼卻會對你造成更大的影響。更不用説很多人覺得自己説的謊不會被人識破拆穿，這種信念就跟小偷覺得自己只要不被捉到就好了的意思是一樣的。任何的壞習慣一旦開始被縱容，未來就有擴大範圍的可能。但我們活在一個覺知的世代，隨著人們逐漸地覺醒，未來我們會愈來愈沒有「不會被抓到」的優勢。説謊本身就是一個內外矛盾、裡外不一的能量，被抓到只會是遲早的事。所以各位在選擇説謊時請先思考兩點：一、説謊的代價永遠會大於真話。二、被抓到絕對是遲早的事。

不過，「説謊」幾乎是每個人必經的過程，因為我們每一個人都可以從説謊的過程裡得到成長。若是在這個過程裡面沒有得到任何成長，反而允許自己沈浸在謊言所帶來的短暫滿足的話，那麼我們很可能會慢慢地在謊言中迷失自己，就好比有人會分不清真實與謊言的差別一樣。想像自己在還沒有說謊以前，內心大多會在實話與謊言間不斷地掙扎，衡量著到底那一個選擇會帶來傷害最小的後果。我們害怕在坦白之後需要面對對方的憤怒，也擔心對方無法負荷實話所帶來的衝擊……，但不管是為了什麼，我們內心那種忐忑不安的情緒其實才是我們需要面對的。**因為每一個選擇說謊的人，其實都有無法承擔現實的問題需要去面對**。年輕的時候覺得說謊好像沒有什麼大不了，但隨著年紀愈來愈大，人們所需要面對的懲罰也會相對地提高，可能是你的工作，也可能是你心愛的人事物。所以**當你選擇說謊以前，我希望各位可以注意到自己內心真正害怕的究竟是什麼。因為如果那個問題沒有被正面地解決，那麼說再多的謊也無法改變內在的不安對宇宙所發射的訊息**。我知道很多人覺得講話要三思而後行是件浪費時間的事，但正如我不斷提醒各位的：再麻煩的事一旦經過練習都會成為一種習慣。習慣讓自己心口合一地說實話，是為了幫助你的靈魂找到最真實的自己，而不是在謊言的累積之下而慢慢地迷失自己。

很多人常常信誓旦旦地跟我說自己從來沒有說過謊。但是**謊言不單單是對外的，也包括對內的**。明明受傷了卻老是說沒事，明明很在乎卻老是說沒有關係，因為習慣活在謊言底下，慢慢地連我們都不清楚自己真實的情緒究竟是什麼。然後在謊言堆積的情況下，我們不知道自己是什麼、要什麼，而隨著年紀愈大也愈有種迷失的感覺。

靈魂之所以投胎是為了想要找到最真實的自己，想要尋找對的人、做對的事、追求對的夢想……，但為什麼放眼望去，人們非但沒有找到自己，反而愈來愈感到迷失？這是因為我們都習慣被謊言蒙蔽，沒有真實地面對過自己。也因為從一開始就沒有正視過自己真正想要成為什麼人，所以總是吸引來錯的人，追求不屬於自己的東西。因為允許謊言的存在，所以就摸不清真實究竟是什麼。在自然底下的萬物顯少會隱藏自己的動機行動，但為什麼身為人類的我們卻會覺得隱藏自己而且心口不一是理所當然的呢？

教育小孩不要說謊，不單單是讓他們學習不要太過於在意外界對他們的反應，更重要的是希望他們可以學會對自己誠實。實際地了解自己真正害怕的究竟是什麼，勇敢地去面對自己的恐懼，並學會承擔每一個後果，為自己的言行負責……，這全都是每一個靈魂投胎可以給自己最好的禮物。因為我們都想要透過生命來了解自己，也想要透過成長來達到最好的自己，今天如果因為一時的害怕就選擇了謊言，那麼我們怎麼知道這個雪球不會愈滾愈大？又或者是我們如何不會迷失在自己為了圓謊而必須再撒謊的謊言之中？學會誠實地面對自己，無論好壞，才能夠幫助自己更了解自己，進而改進並追求自己想要的。而不是讓自己因為一個謊言就一直活在不斷發酵的罪惡感中，不但得要為自己的謊言辯解，也害怕被人抓到。無論是哪一種情緒，都是未來的自己必須消化的結果。

我之前提到過「說謊」是成長的必經之路。那麼如果已經把謊言說出口，我們又可以如何處理呢？與其裝作什麼事都沒有發生，你可以學著為自己的言行負責，勇敢地承認錯誤，去向對方道歉，這往往需要更大的勇氣。我曾說：靈魂要為自己創造未來以前，必須先學會對自己的行為負責（**Accountability**），這不只是針對好的事，也包括不好的行為。今天若是意識到自己犯了錯，並且可以勇敢地承認自己的錯誤的話，那麼在這個過程當中，我們會學習到如何改善自己的行為，以避免同樣的事情再度發生。如果你是會自我反省並願意承擔錯誤的人，那麼就算坦白後可能會面臨到對方選擇離開你，但更重要的是，你會對得起自己，也從經驗中得到學習，那麼未來必然有更適合你的人出現。

每一個謊言的背後都有兩件功課要做：

一是自我反省。好好地**反省內心的情緒**，真實地去學習面對，這會幫助你更了解自己、分辨是非，為自己的未來鋪路，進而幫助你吸引到對的人事物。

二是為自己負責（**Accountability**）。這是靈魂之所以投胎的重要基礎。你會發現不管是說實話還是謊話都有需要為自己負責的地方。說真話必須要面對的是對方的選擇與情緒，這是你當初在做決定時本來就要承擔的後果。說了謊，但是否有勇敢去承擔自己的錯誤，進而從錯誤中得到學習。無論如何，未來都是需要懂得為自己負責的人才有辦法創造的。

為了讓自己成為靈魂想要的樣子，在說謊之前先花個幾秒的時間，好好地省思自己要說的話是否符合內心真正想要表達的。每一個人的內心都有自己的一套標準，不管這個標準是什麼，說出來的話讓自己問心無愧才是最重要的。如果真的面臨到必須說謊的時候，好好地思考選擇謊言所要掩蓋的恐懼究竟是什麼，真實地去面對那個恐懼才是靈魂真正要做的功課，而不是讓自己習慣活在謊言底下而迷失了自己。學著與實話共處，坦白地面對人生的每一個選擇，好讓自己的未來不需要在實話與謊言之間做決擇，相信總有一天一定可以幫助你成為最真實的自己。

錯誤的力量

・對應頻道 190 集・

在與各位討論過宇宙底下有很多事情都有力量之後，相信大家也開始意識到「錯誤」也是有力量的吧？

常常有客戶問我：「靈魂為什麼要選擇這麼痛苦的平台來學習，而不是用比較快樂幸福的方式來得到領悟？」這其實是人性使然，因為我們很少從快樂的體驗裡得到學習。若是不信的話，請各位用五分鐘仔細思考生命中有哪一件事，是你透過快樂的體驗得到成長的？快樂的體驗雖然可以創造美好的回憶，但鮮少有人會從這樣的回憶裡得到人生領悟。往往是透過一些痛苦的經驗才會使我們的內心產生警惕，並且想盡辦法改進以避免相同的事情再次發生。因為害怕再次體驗痛苦的感覺，所以我們會拿過去的經驗做為借鏡，謹慎地衡量自己所做的每一個決定，期望做出最正確的選擇，靈魂也是從這個過程中得到學習。

很可惜地，人性必須透過痛苦的體驗才會得到學習，而這樣的感覺也多半是藉由錯誤所產生的。也就是說如果一個人沒有犯錯的話，應該也不會覺得難過。沒有體驗過錯誤的人不可能會產生「下次不要這麼做」的領悟。而你在當下所體驗到的事若是沒有轉換成被儲存的美好回憶，或者是用來作為警惕的痛苦經驗，就會如同日常生活的瑣事一樣被遺忘，不會讓你產生任何的想法與感觸。

人們很常問要如何做出最正確的決定、如何知道交往的對象是真命天子、如何知道下一份工作是最適合自己的……，這些問題反映出社會環境讓我們對「錯誤」產生一種恐懼。這可能源自於我們從小只要一犯錯就會得到懲罰的緣故，若不是得到身旁的人取笑，就是得到師長父母的嚴厲處罰。由於我們從小在這樣的環境長大，以致於我們即便長大成人，也對「犯錯」避之唯恐不及。因為每一個錯誤的背後都隱藏著取笑、責罵、批評以及處罰，這種體驗往往挾帶著痛苦，使得我們只想做對的事，做對的選擇。

但「犯錯」是理所當然的，聖人也有犯錯的時候。「錯誤」本身不是錯的，而是人們為「錯誤」添加的附加條件才是真正令人害怕的。很多人不相信「錯誤」是有力量的，因為每每一犯錯就會得到指責與取笑，沒落入自我批判就已經很好了，怎麼可能還能將它轉換成力量呢？

我曾經提過：靈魂輪迴投胎不是來受苦受難的。之所以選擇投胎是因為肉體讓我們成為一個有感知、感覺的存在，也藉由我們的感官來體驗到靈魂無法感受到的功課。沒有任何一個靈魂投胎就只為了證明自己的無能與恐懼。相反地，之所以有這樣的鋪陳就是為了讓我們可以克服恐懼和無能為力的感覺。我們害怕的事物可能早在幾輩子以前就已經體驗過了，沒有必要再浪費這一輩子來證明自己害怕同一件事。但**之所以這一輩子還體驗著相同的恐懼，是因為我們可以透過不一樣的情境與設定去思考克服它的辦法**，進而從中得到學習，好讓自己從這種恐懼的無形枷鎖中重獲自由，藉此朝著我們靈魂想要的樣子發展。

社會的教育讓我們對「錯誤」產生排斥的態度，但若是我們一直用這樣的觀念過日子，也間接地侷限了自己的發展。因為沒有人一出生就是萬能的，也沒有人在從來沒有跌倒的情況下就學會跑跳的。如果連基本學習進化的過程都讓我們如此恐懼的話，我們豈不是畫地自限，為自己的生活架起了牢籠，什麼事也做不了、學不會，限制了未來的發展？因為害怕他人的批評與指責，害怕別人發現自己的不足之處，所以慢慢地封閉自己，這讓困在牢籠裡的自己老是有一種胸口發悶、不能呼吸的感覺。

「錯誤」本身是有力量的。因為我們必須透過痛苦的體驗，才能從中得到學習，進而轉換成靈魂要的成長領悟。痛苦的經驗讓我們想要改變，而成長是透過從錯誤中得到學習，並採取行動去改善的過程。只要各位不再害怕犯錯，並願意將「錯誤」當作是靈魂得以成長的一個階段，那麼自然可以從「錯誤」中得到力量，而不是因為害怕犯錯而限制了自己的生活。每個「錯誤」的發生都是為了促使你成長，若是可以學會從中找到改進的方法，並讓自己朝著靈魂想要的方向前進，那麼這些經驗的累積會成為你未來的自信與力量。

「錯誤」之所以產生是為了幫助你成為一個更好的自己。所以**一旦犯錯不**

要立刻陷入自責的情境裡，這表示你還是個學習中的靈魂，還有很多的進步空間。學習的路上鐵定會犯錯，但千萬不要因為感覺到自己的不足而停止生活，而是藉此思考下一次怎麼做才可以做得更好，一點一滴的改善，慢慢地達到自己想要的模樣。想像河的彼岸是你一直想要的未來，你豈會因為怕水就不過河了？路是人想出來的，就算不會游泳，你也會想辦法到對岸去的，不是嗎？宇宙不會只給你一個解決問題的方法，但你生命中的答案需要你親身體驗後才有辦法找出來。既然生命需要靠體驗與測試才有辦法找到答案，那麼錯誤便是必經的過程。即便是我與各位分享個人努力測試出來的結果，但建立在靈魂的獨立個體性上，也不一定適用在每一個人身上喔。

這世界上有很多人都害怕遇見錯的人、做錯的事，但我希望可以讓各位了解「錯誤」本身並不是一件壞事，而是為了幫助各位成長才存在的。與其害怕它，倒不如藉由它來思考讓自己變得更強壯的方法，成為一個更好的存在。一旦對「錯誤」有正確的觀念，我相信每一個人都可以從中得到力量。

不要把你的夢想與任何人綁在一起

・對應頻道 192 集・

常常有人向我哭訴：「我希望有個人可以愛我、希望可以跟某個人天長地久、希望可以跟前任再續前緣……，但為什麼不管自己做了多少努力，都喚不回對方回心轉意？」其實這最主要的原因在於：你把自己的夢想／未來與別人綁在一起了。

每一個可以自行成長的生物都是有靈魂的，而每一個靈魂之所以選擇投胎都有自身要學習與面對的功課。每個靈魂都會不斷地想要進化到靈魂預設的理想未來。就如同你在追求富裕感的同時，別人很可能也會有相同的需求。基於靈魂的獨立個體性，每個靈魂都有他自己對於周遭人事物的獨特見解與定義。也就是說，不管你認識一個人多久，就算是在同一個家庭環境下長大，都很可能會發展出完全不一樣的人格、偏好與見解。對於富有、快樂、被愛的情緒，很可能也會有不一樣的詮釋。如果大家理解這個道理的話，那就應該知道不要將自己的夢想與任何人事物做連結。例如：我得到那個人之後就會幸福美滿、我擁有某樣東西之後就會功成名就……。你的靈魂追求的從來就不是任何的物質，而是想要擁有那樣的感覺。當我們不斷地為自己列舉所有想要的東西的同時，我們更應該思考的是自己擁有了這樣東西之後是什麼樣的感覺？在擁有之後又會做出什麼樣的改變？一旦你捕捉到自己真實想要擁有的感覺，並懂得為那樣的感覺奠立基礎的時候，宇宙才有辦法讓對應那種感覺的事件發生。可是當你把自己的未來與任何的人事物做連結時（標準的王子與公主從此過著幸福快樂的生活的思考模式），表示你其實已經忽略了對方也是個獨立個體，也有他的靈魂必須面對的功課與平台。兩人的功課不是單向的，而是雙方的，一味地著重在自己想要的，而忽視對方的需求，這會導致宇宙沒有辦法讓它發生，而結果也總是令人失望的主要原因。

我們都知道當我們面對事情的時候，如果總是預期它只能以某一種方式呈現的話，那麼這種心態就會成為一種期待。在情感的關係之中，正因為常常有這樣的期待發生，使得人們在關係裡面容易因為失望而導致分離的結果。當我們期待事情只能以一種特定的方式發生時，我們同時阻斷了其它九十九種的可能。即便宇宙讓它以其它的方式呈現在你的面前，你也會因為緊緊地抓著自己的期待而拒絕看到其它的可能。你要擁有的應該是感覺，而不是任何的人事物。一旦你把自己想要的感覺與特定的人事物綁在一起，你的信念就會開始轉換成一種期待：非他不可、非這個男人不嫁的想法，真命天子即使出現在你的面前，你也會視而不見。

宇宙底下有無限的可能。光是在諮詢的過程裡，我就常常看到每一個不同的決定所延伸出來的無限可能。人在下定決心的時候，往往思想與行為也會隨之產生變化。可惜的是大部分人對未來感到惶恐不安時，往往會用自己過去的經驗來創造出與過去相同結果的未來。就好比曾經遇過幾個爛人，就覺得自己下一個遇到的人也會是個爛人。正因為我們總是拿著過去的經歷當做範本，導致我們總是創造出與過去經驗相同的結果。但是試想，在人類邏輯只運用了十分之一的靈魂大腦的情況下，我們又怎麼可能預測到剩餘的百分之九十的可能呢？唯一可以讓那百分之九十發生的關鍵，就是讓自己先學會拋棄那百分之十的固執己見，那麼宇宙才有辦法讓所有的可能呈現在你的面前。

如果你還是很好奇自己可不可以期待某個人愛上自己，又或者是把自己的未來綁在這個特定的人身上？我能給各位的標準答案是：不可以。想像一個你討厭的人硬要跟你在一起的感覺，你會因為對方的想要與喜歡，就強迫自己跟他在一起嗎？在一起之後，會因為他單向的喜歡就愛上他嗎？我不是說你心儀的人不會喜歡上你，但是當一個人把自己一生的幸福取決自他人身上的同時，難道不也是給對方的一種壓力嗎？既然是兩個獨立個體，自然會有屬於自己的路要走。過好自己的生活，而不將自己的未來期望在他人身上，如果對方注定成為你的另一半，那麼他自然會跟上你的步伐，與你一同成長。但假若對方還是在原地踏步，那麼他極有可能只是你生命中的過客。這個時候你更應該用堅定的步伐，勇敢地前進才對，而不是一味地執著於過去。

如果你尊重宇宙底下的所有生命都有屬於自己的平台與功課要面對，那麼你就會尊重每個靈魂都有自己進化的步調與節奏。如果在一段關係裡面沒有辦法得到你想要的結果，那麼顯然對方不是要陪你走一生的人。如果對方真的是那個對的人，那麼即便你對他沒有任何的期待，他也會跟上你的步伐一同前進。愛是一種感覺，而不是一個特定的對象，千萬不要讓你一時的執著而模糊了自己的焦點，也不要讓期待演變成失望。學著捉住自己想要的感覺，那麼未來就一定會發生。

當你對一件事情有所期待，你很可能會逃避自己應該面對的功課，而浪費了很多時間與精力去滿足他們的需求。這也是為什麼許多人在一段關係裡面常常覺得心力交瘁的原因。因為一直以來都把自己的幸福綁在別人身上，以為只要跟這個人在一起就是愛的感覺，卻沒有想到從頭到尾都在乞求對方的認同，任由對方掌控自己的喜怒哀樂。這並不是愛，而是乞討。我想要說的是：每一個人的人生永遠充滿選擇，如果不喜歡自己曾經做出的決定，那麼你可以在此時此刻做出不一樣的選擇。因為人們害怕改變，所以你的身旁可能會出現反對的聲音，但重要的是，人生的道路應該由你的靈魂來決定該怎麼走。只要以尊重他人為前提，勇敢地朝著自己靈魂想要的未來前進，總會有海闊天空的一天。

與其把自己綁在不對的人身邊而苦到了自己，我更希望大家好好地利用這些時間創造出自己想要的樣子與未來。真的是你的靈魂伴侶，就算你沒有把他計算進自己的人生裡，他也會隨著你的步伐一同前進。所以希望大家在鋪設自己未來的時候，可以多一點覺知，著重在自己想要的感覺，不要把自己的時間與精力放在別人身上，這樣才有辦法創造出你一直想要的未來喔。

生命的過程

・對應頻道 199 集・

不知道大家有沒有這樣的經驗，那就是自己有七、八十分把握的事情，一旦被人問上了三次以上，就開始變得連自己都不太確定？我和老公就常常有這樣的問題。就好比平常都是我接送小孩子上下學，比老公還熟悉路況，但每次只要換成老公開車，他就會不斷地質疑方向是否正確。在他每一條路都要再三確認的情況下，連我都開始懷疑自己的記憶是否正確，最後證明我是對的時候，就免不了在內心自責：我應該相信自己才對，為什麼會因為別人質疑就動搖自己的立場？

這雖然是件小事，但是足以套用在生活中的每一件事情上。不知道大家有沒有經歷過，你明明相信自己正在做對的事情，也信任自己可以走到想要的那個終點，但往往因為身旁的人不斷地質疑，到最後連你都開始懷疑自己。通常第一個人問你是否知道自己在幹什麼的時候，你還會很有自信地回答：當然。但是當第二個人質疑你時，你似乎就開始有點動搖，還會氣他們為什麼要質疑你的能力。但是當第三個人再度問你相同的問題時，你就不再那麼確定了，甚至會開始詢問他人的意見，因為此時的你已經被說服你並不知道自己在做什麼。

我們很常在人生中犯這樣子的錯誤：即便我們的靈魂很清楚地知道自己是誰、未來是什麼，但是每當我們面對外在過多的質疑時，我們就會跟著開始懷疑自己。但很多時候，人們並不是因為真的知道事情行不通才來質疑你，而是他們自己也不知道答案。所以即便你清楚地知道自己想要什麼樣子的未來，還是會因為他人的質疑而否定自己原有的感官。我曾說過適當的質疑可以讓人得到反省而不容易變得自大，但過度的質疑就會讓你開始懷疑人生而無法前進。假想自己靠著一張地圖到一個人生地不熟的地方，在一個人獨自摸索的情況下難免會走錯路，但即便走錯路，頂多再回到原點試試看別的路就可以了，或者是找人確認方向。又或者是用導航時走錯了路，系統都會再重新計算路線。但不管是使用什麼方法，重要的是，只要終點是明確的，就不怕找不到到達目的地的方法。

然而現下人們最大的問題在於太急著想要從**A**點到**B**點，既不想迷路，更害怕走錯路。我們的重點變成：不在於到達**B**點，而是要在幾點以前到達。假設**B**點所代表的是我們的夢想，如果我們把注意力放在到達**B**點時，那麼即便是走錯路、用錯方法、多花了一點時間，我們也會想盡辦法到達。但是當我們把注意力集中在必須在什麼時間以前到達**B**點，那麼我們反而會因為焦慮、緊張、怕趕不上，而讓自己更加慌亂而迷失方向。到最後我們犧牲的不是只有時間，還有原本的明確目標。這就好比我們常常愈急就愈容易遲到一樣。不但因為趕時間而錯過沿路的風景，更重要的是當我們到達**B**點時，我們並沒有辦法好好地享受到達終點後的成就感，反而會浪費許多時間試著讓自己從焦慮的心情中平復是一樣的意思。

如果把同樣的情境套用在人生也是相同的道理。諸如：我要在幾歲的時候成家立業、娶妻生子、功成名就等等。**因為人們太急著從A點走到B點，導致整個人生像是在趕場一樣，總是還沒有到達第一個目標就在思考下一個目標是什麼，也因為時間的遲緩而不斷地產生更多的焦慮**。由於急著想要到達那個目標，所以沿途都在找捷徑，但也因此更容易出錯。看著別人一一地領先自己，而你卻迷失在找捷徑的過程，導致產生焦慮之外還有愈來愈多的自我懷疑：如果這一步又走錯了怎麼辦？如果時間到了還到達不了目標怎麼辦？因為焦慮與不安，讓你愈來愈害怕前進，以致於浪費更多的時間佇立在原地，就只因為你太害怕再犯下另一個錯誤。

之所以與各位分享這個小故事，是因為我相信這樣的事情常常發生在生活的各個角落，無論是生理上還是心理上。這包括你們對人生未來的期許，以及想要的成功與愛情等等，我想要跟大家說的是：生命是一段享受過程的旅程，而不是只為了達到終點的任務。我們之所以選擇了平台、身體、靈魂伴侶與課題來投胎，都是希望可以從過程中學習到經驗與領悟。在這一段路上我們會遇到許多不同的人事物、體驗人生的高低起伏與喜怒哀樂，但無論你體驗到的是什麼，它們全都是為了讓你的生命變得更多采多姿的存在。迷路只是為了讓你欣賞不一樣的風景，也讓你更清楚地知道自己想要到達的目標究竟是哪裡。如果目標確定，那麼即便是迷路了也不會改變自己的方向。靈魂如此大費周章地安排了你的一生，為的就是希望讓你享受沿途的風景，從過程中找到你真正想要到達的終點。所以即便是迷路了也必定是有它的原因。你可能會在迷失的道路上多找到一把鑰匙，或是增加一點戰鬥力，但無論是為了什麼，靈魂希望你變得愈來愈強壯，而不是自我懷疑到駐足不前。

出生是個起點，死亡是個終點，而「人生」如字義一樣指的是人的一生，也是整個過程。在這路程中你會體驗種種的喜怒哀樂、成功與失敗，但不管是什麼，都是為了幫助你的靈魂進化到祂最終想要成為的模樣。即便步伐再緩慢也絕對會到達那個終點，而路途中的喜怒哀樂總有一天會成為靈魂的重要回憶。所以即便走錯了路，還是會有許多的選擇與方法可以幫助你走到最終的目標。有時候，正是需要走錯那一步路才看得到海闊天空的景色。人生是屬於你自己的，只要堅信自己的目標，並用屬於自己的步調前進並享受沿路的風景，而不要讓時間的焦慮混淆了你的方向，那麼總有一天你一定會達到你想要的未來。如果累了就記得休息一下，不要因為身旁的質疑就開始懷疑自己。只有你才知道什麼樣子的未來是最適合自己的，所以學習做自己的主人吧。

Chapter

2

你要走的路，你的靈魂知道

靈魂進化是什麼以及要如何達成？

・對應頻道 152 集・

大部份的人對於「靈魂進化」這四個字都是一知半解，由於它既抽象又不具體，再加上沒有一個衡量的標準，導致很多人覺得自己努力了很久，但是到頭來好像還是在原地踏步似的。這個結果讓很多人對「靈魂進化」感到灰心，更覺得自己在浪費時間，因為好像不管做了多少的事、唸多少書、參加了多久的身心靈課程，都徒勞無功。

其實所謂的「靈魂進化」，存在於我們生活的每一個角落，與生活緊緊相連。但由於我們從沒有被教育過靈性的重要，以致於我們會認為生活根本不需要所謂的靈魂進化。但是我們真的不需要嗎？舉例來說，為什麼人們總是可以感覺到背後盯著自己的目光？為什麼明明電話鈴才剛響就知道是誰打電話來？或是進到一個沒有人說話也無異樣的屋子裡，但你直覺就是有什麼事不對勁。又或者是當有人對你口是心非，你能很清楚地知道他在說謊……。這些全都是你摸不著也看不見，但你卻可以真實感覺到的事，那麼你覺得自己在這些情況下所運用的是什麼感官呢？或許你會回答：這是直覺與第六感。但是你知道嗎？所謂的「直覺」與「第六感」其實全都是靈魂感官的一種嗎？雖然我們活在眼見為憑的世界裡，但卻還是有很多五感以及科學沒有辦法解釋的存在，不是嗎？

靈魂進化之所以重要，是因為這一生原本就是靈魂為了達到它進化的結果所安排的鋪陳。無論我們在生前賺了多少錢、開什麼樣的車子、住什麼樣的房子……，這些在你死亡之後全都是帶不走的。當然，有很多人覺得現實才是最重要的，因為一味地追求心靈上的滿足並不能安撫生理上的需求，所以他們覺得自己根本不需要追求靈魂的進化，只要每天努力地工作、賺錢，才是最務實的作法。這樣的信念或許很踏實，但是在這麼日復一日地過了十幾年之後，他們銀行帳戶的錢雖然增加了，卻發現自己一點也不快樂。如果自己真的是踏實地做著對的事，那麼為什麼會不快樂呢？因為社會不斷地教育我們要犧牲小我、完成大我，所以人們很常為了取悅別人而委屈自己做不喜歡的事，只為求個圓滿。照理說這樣的行為應該可以得到兩全其美的效果才對啊，但為什麼到頭來非但沒有取悅到任何人，還總是讓自己落入兩難的局面？

其實我一開始踏上靈性旅程的時候，真的都是在學些與生活毫不相干的事。例如：鬼、魔、前世今生、因果……，當時的我老是覺得這些存在跟我想好好過日子到底有什麼關聯。但是這二十幾年的旅程下來，我才發現這些原本我以為毫不相干的事，竟然一直都與生活緊緊相連，也意識到原來人生中愈是簡單的道理愈是需要透過親身經歷領悟。就好比說「放下」這個行為狀態，這麼簡單的兩個字，人們往往很難做到。

一味地取悅他人以及滿足別人的需求絕對無法幫助你的靈魂進化。既然人生是你的靈魂為自己鋪陳的道路，那麼在談論進化之前得要先了解自己靈魂的需求是什麼、定位和能力到哪裡，才有辦法衡量自己如何在能力範圍內滿足外在的需求。我常說：「靈魂進化是條自私的旅程」。之所以自私是因為靈魂只在意死亡的時候可以帶走什麼。然而，這些帶得走的東西其實是非常有限的，它只關乎你透過這段人生學到與領悟到什麼，這也是為什麼一味地取悅他人以及滿足別人期望並沒有辦法幫助你更加地了解自己，很可能還會讓你迷失自己。

華人常說一樣米養百種人，就算是同個父母生的，也會養出完全不同性格的小孩。由於靈魂的獨立個體性，讓這個世界即便有相似的人也不會是一模一樣的。一味地做著自以為別人會高興的事也不一定能夠完全地滿足對方，這就如同上天就算給你所有你想要的，你也不一定會快樂是同樣的道理。一旦了解這個道理之後，我們就更應該重新審視自己的標準與定位，在沒有辦法滿足所有人的情況下，我們自然無法要求別人來滿足我們，也明白只有自己知道如何滿足自己。

靈魂進化是條自私的旅程，這表示你的靈魂從來不在意別人是否有做他們的功課，只在意人生的最終章有沒有成為自己想要的樣子，並找到自己的定位與價值。如果用簡單的道理來形容的話，所謂的靈魂進化其實就只是一段找尋真正自我的旅程。既然這段旅程只跟你自身有關，那麼你在靈魂進化的道路上更應該時時思考：我是誰？我想要成為什麼？

習慣批判的教育讓我們也用同樣的方式對待自己，總是無時不刻地在找自己不夠好以及需要改進的地方，例如：過胖、不夠聰明、反應慢、太過天真……，在「糾正你是為你好」的教育觀念下，我們不斷地想從自己身上尋找需要改進的缺點，好在被他人發現以前改善自己，但卻也因此逐漸地落入自我批判的黑洞。人們無法執行自己從來沒有被教育過的事，在這種慣性的負面思維裡，我們學不會讓自己保持正向的方法。雖說靈魂進化是為了找到自己想要成為的那個人，但負面思維卻只讓我們看到自己最不想要成為的模樣。也正因如此，如果各位有興趣想要在人生的旅程裡找到真正的自己，那麼我想邀請各位：每一天都找到一個可以讓你更愛自己的理由。之所以這麼建議各位，是希望藉由不一樣的動作來打破你的慣性思維罷了。

不過，我的意思不是要你從現在開始二十四小時全天候地愛自己，完全不能有任何負面的情緒，而是希望透過一點點有意識的改變來改善社會教育我們的自我批判行為。也就是說，接下來的日子裡你很可能還是會跟人吵架，還是滿肚子的負面情緒，但若是其中一次你能夠察覺到自己的批判，又或者是不知道該如何轉換自己的心情的話，那麼就試著從看見自己的優點，以及小小鼓勵自己開始吧。你不需要做什麼大事才能夠欣賞自己，很可能只是幫助老人家過馬路、隨手幫路人開個門、稱讚幫你結帳的收銀小姐，又或者是原本想罵很難聽的話卻收住口等等。每天都找一個讓你更愛自己的理由，然後透過一點一點的累積，讓自己慢慢地成為靈魂想要成為的樣子。這樣或許有一天你會發現，你遠比五年前更喜歡現在的自己，也更活出你想要的模樣。

「靈魂進化」說穿了就是靈魂透過人生旅程所得到的成長。在這段自私的旅程上，靈魂最終只想要變成自己想要成為的模樣。而那些死亡後帶得走的成長與領悟全都與物質無關，而是透過與人事物的互動所學習而來的。為了達到進化的目標，靈魂不應該將每天的重心放在批評自己，更不應該將重心集中在取悅以及滿足他人的慾望之上。當然，靈魂會理所當然地想要改進自己的缺點，但不應該養成自我批判的習慣而對未來感到心灰意冷。所以為了讓自己打破那樣的習慣，你可以透過每日尋找自己優點的小動作來慢慢地找到自己的定位，以幫助你堅定地朝著未來的方向前進。每天都去找尋讓你更喜歡自己的理由，如果暫時找不到，那麼就讓自己創造一個可以仿效的未來。如果你喜歡現在的你更勝於五年前的你，那麼你就已經是在靈魂進化的軌道之上了，相信你的未來也必然會達到你的靈魂一直想要的那個結果。

我的靈性旅程的開始

・對應頻道154集・

我的靈性旅程其實是挺漫長的一條路，這應該全都源自於我那位虔誠信奉一貫道的阿姨。從我小時候認識她以來，每天手抄佛經、唸經，她幾乎從來沒有中斷過每日早中晚三次對家中神佛的供拜。我們家三個姊妹從小與她的關係都非常好，所以在出國之後，只要我有時間，回到台灣也必定會到她家去住一陣子。或許是一直以來我都覺得自己離任何宗教好遠，所以每次只要回國看見她不厭其煩地安排著種種宮廟文化的行程與細節，總是讓我不禁產生許多的好奇，也喜歡趁機會帶小孩跟著她翻山越嶺，去做些佛祖交待的事。

有一次住在她家，我總是莫名奇妙地夢到菩薩。這對很多人來說習以為常，但對我來說卻是極不可能會發生的事。一來是我自認為是個沒有任何宗教依附的人，二來是我向來是個睡覺不會做夢的人。所以那陣子待在她家的時候，只要閉上眼就看得見菩薩真的讓我感到匪疑所思。重點是，每次做夢幾乎都是相同的場景與對話。我感覺自己是個長期隱居在山林裡的男人，似乎總是坐在洞口泡茶享受著沒人打擾的清靜。這時坐在我對面的菩薩就會問我：「你想通了嗎？」雖然在夢裡的這句話沒頭沒尾的，但是我的回答也總是一貫的：「不要。」菩薩通常不會再多說什麼，只是微笑著繼續陪著我喝茶，而夢也都在這裡結束。這種夢偶爾做個一兩次也就不當一回事了，但是同樣場景與對話的夢竟整整做了五天，而且閉眼必夢。這讓我終於忍不住跟阿姨說了這件事，討論了一番，她便建議我試試給菩薩不一樣的答案。

或許是因為夢裡的自己總是把「不要」說得理所當然，所以我從來沒有想過可以給對方不一樣的答案。因為阿姨的建議，當我再一次夢見相同的場景與對話時，我一反常態地回答：「好啊。」結果以往總是在喝茶中結束的畫面竟然出現更進一步的對話。夢裡的菩薩接著問我要選擇什麼樣的工具，但「工具」這兩個字真是讓人匪疑所思。這時對方似乎看出我的疑惑，列舉了塔羅、水晶等選項，這讓我突然恍然大悟，我立刻拒絕：「都不要。需要工具的話就別來找我了。」我太了解自己丟三落四的個性了，因為光是養個小孩就已經快沒腦容量了，這會兒還要記得帶上工具才能辦事的話就更不可能了。卻沒想到菩薩竟好聲好氣地回答：「那好吧。但是你要來找我。」這下可真的是神了！別說我根本不知道台灣有多少間宮廟，這種沒頭沒尾就要人找他的要求又是在演哪齣？更重要的是，就算真的找到了也頂多是見了尊木雕的佛像，這種千里尋親的戲碼又有什麼意義？尤其對於在夢裡明明可以與之對話的我來說，根本不了解去宮廟看一尊不會回嘴的佛像的用意到底在哪裡。但菩薩似乎也有種莫名的堅持。醒來之後我的腦子隱約地記得「紫竹林」三個字。說真的，當時的我還真不知道台灣哪裡有紫色的竹林。

在那個年代不像現在有 **Google** 大神搜尋一下就找得到答案了，即便阿姨全台宮廟都快跑透透了，也從來沒有聽過紫竹林寺，只能打電話一個個詢問有沒有人聽過。一直到有個朋友說在高雄某處好像有（但是他並不很確定），我跟阿姨決定帶著我的兩個小孩一起開車去尋找這座連聽都沒有聽過的廟。當時的我心想，反正阿姨的朋友說的位置正好在美濃附近，若是沒找到廟的話就當是觀光一日遊好了。

結果沒想到我們一行人上車之後，我發現自己根本就內建 GPS。不斷地告訴阿姨該往哪個方向開，哪條路轉，簡直就像是開在我家後院似的。車子就這樣一直開到一處人煙稀少的地方，我幾度還懷疑自己內建的 GPS 系統是不是故障，沒想到竟然真的找到一座名叫「紫竹林寺」的宮廟。對自認科學邏輯腦的我來說，怎麼找到這間宮廟就已經是個未解之謎了，沒想到腳才剛踏進宮廟一步，我竟然莫名其妙地在大廳大哭了起來。哭相之淒慘！就連我奶奶往生時，我也沒哭得這麼難過，這就算了，哭完後的我竟然又莫名其妙地大笑起來，這要是遇到二十年後的我，鐵定會說這是產後憂鬱的症狀。

爾後，阿姨建議我到神桌前跪著，我如實地照做。沒想到竟如 USB 下載般，資訊全都湧進自己的腦子裡，也是在這個時候，我跟座前的菩薩簽了十年的約。資訊量雖然龐大，但整個過程卻十分地快速。我沒有辦法解釋自己對收到的訊息十分肯定的自信究竟是哪裡來的，但它就是一種「我早就知道」的感覺，這讓習慣用擲筊問事的阿姨感到十分不解。在跪拜完之後，菩薩又指示我去抽藥籤，雖然不知道自己為什麼沒事要吃中藥，但卻逕自走到廟後的中藥店去問了藥籤的內容並捉了五天的藥。我對所有事都了然於胸、理所當然的態度，就連在廟後有中藥店這事，好幾度讓阿姨質疑我其實來過此處。

置身在鳥不生蛋的地方，而且當時是需要靠一張大地圖找路的年代，原以為回家也會是段辛苦的路程，沒想到我的內建 **GPS** 竟又在此時啟動，順利地讓我們在沒有繞路地情況下回家。這一整天下來的旅程已經夠讓人摸不著頭緒了，沒想到接下來的日子更是讓人費疑猜。因為那五包從中藥房捉回來的藥，不管我怎麼煎煮它，更甚至還煮到忘了時間，竟然都不偏不倚地煮到剛好一碗的份量，幾度讓我懷疑台灣的中藥房是不是都有開仙藥的本事。

除此之外，我在快要離開台灣之前又被指示要去買一尊菩薩。但是對於當時根本沒有意願想要在家裡供奉任何菩薩的我，只願意提供僅有的一千八百元預算。先別說這是一個所有店家一聽到就有點嗤之以鼻的預算，就連我自己都覺得心虛。但這真的是因為我自認為不會像阿姨一樣虔誠地祭拜，再者是我更不認為自己會大費周章地扛一尊佛像回加拿大，還要在家裡設個神桌供奉。結果沒想到購買佛像的過程簡直跟當初找「紫竹林寺」一樣地讓人匪疑所思，內建的 GPS 將我帶到一間沒有去過的佛像店，裡頭的佛像尊尊以上萬元叫價。店員們個個信誓旦旦地告訴我別浪費時間，因為他們的店裡絕對不會有符合我的預算的佛像。但我卻定定地望著一座櫥櫃，被一尊塞在櫥櫃最後面的佛像笑容所吸引，硬是要求店員把那尊佛像從櫥櫃的最內側挖出來。在我的堅持之下，店員不耐煩地把那尊佛像從櫥櫃深處搬出來，本來想取笑我一點也不了解市場行情，卻沒有想到那尊佛像竟一毛不差地剛好一千八百元？！雖然店員深信是標價標錯了，但最終那尊佛像還是讓我以一千八百元買了回來，而我的靈性之路也正式開始啟動。也因為這一連串難以解釋的事件，讓我不再對自己的科學理論執著，開始能夠以不一樣的角度去接受與觀察那些難以解釋的存在。如今的我再回頭看，不禁懷疑或許這才是菩薩當初要我多走這麼一趟的真正用意吧。

要不要嫁給他？

·對應頻道155集·

很常有客戶詢問我「自己該不該與另一半定終身」，其實從我的角度來看，我一直不清楚這樣的事為什麼要由我這個外人來決定，特別是因為「擇偶」是所有生物的基本本能，所以人們更應該相信自己的直覺，而不是相信一個靈媒的片面之詞。就像是我們到一個陌生的環境會自然地感覺到「對」與「不對」，或是面對事情會知道該不該做的意思是一樣的，動物同樣也會知道對方是不是適合自己的另一半，是不是傳承後代的最佳對象。這除了是每一個靈魂的本能之外，你所遇到的每一段感情也都是靈魂選擇投胎的鋪陳之一罷了。

我常說：當遇到不懂或是解決不了的事情時，最快的方法就是試著從宇宙的自然萬物中得到答案。關於你論及婚嫁的對象是否是合適的伴侶，是否有傳承的潛能，你可以試著去想，若是把同樣的條件套用在自然萬物上會有什麼樣的結果。也就是說，今天不管外在環境是贊成還是反對，身為當事人的你一定比任何人都更清楚地知道對方究竟是不是最適合、也能夠陪你走一輩子的人。我知道大部份的人在尋找靈媒時候只是想要求證，抑或是期望自己可以被說服。但是我更希望讓各位知道的是：基於動物的生存本能，你永遠會比任何人更清楚地知道對方是不是適合你的人。當然，這也建立在你是否對自己誠實的基礎之上。

之所以提到這個話題是因為不久前遇到一名客戶，她雖然有長期交往的對象，但兩人遲遲沒有結婚的打算。而且每每談到結婚，她就會開始對兩人的關係產生遲疑。再加上女人一旦到了適婚年齡就會開始面臨社會、家庭、文化的種種壓力，除了擔心自己擇偶的機率大幅降低之外，更害怕自己失去生育的能力。這個時候要是身旁有個交往多年的人，幾乎所有的人就會認為是理所當然應該婚嫁的對象。在四面八方的壓力不斷地壓迫下，很多女性會暫時不去理會對方好不好、適不適合，反而因害怕淪落到孤獨一生的結果而急著把自己嫁出去。但也因為這種趕鴨子上架的壓力，讓他們愈靠近婚期就愈是質疑自己的決定，因此才會希望從靈媒的口中得到印證。

但如開頭所說，擇偶是每個靈魂自備的生存本能。適合你的人不一定適合別人，也就是說由他人觀感所表達出來的意見並不一定是真正適用於你的答案。也因此，「適不適合婚嫁」這個問題，我沒有辦法以靈媒的角度來回答，只能用一個過來人的身份與你分享。客戶在諮詢時提到他們交往十五年以來，常常因為對方的脾氣不好和金錢的問題而吵架，再加上兩個人都在同一個單位工作，所以對方總是在隔天就裝作一副什麼事都沒有發生過的樣子，這反倒讓她感到更生氣。或許是我已經結婚很多年了，所以便以一個過來人的身份坦白道：「這些婚前還可以假裝沒事的問題，往往在婚後會以三到五倍的方式被放大。」也就是說這些婚前沒有被解決、一直不斷重覆的爭執點，在結婚之後只會演變成更大的問題。

人們在婚前所面臨到的問題，在婚後還是必須去處理與面對的。它不會因為婚姻的關係而自動消失。在婚前因為沒有彼此約束，所以在互動上還是會有所考量以及客氣的。一旦進入婚姻之後，除了婚前的問題需要去處理之外，還可能要加上共組家庭所延伸出來的種種現實壓力，可能是房貸、車貸、彼此的生活與消費習慣，以及彼此家人的互動、小孩的教養方式等等。如果在結婚前金錢就已經是個問題了，那麼在婚後就一定更會是個問題。回到那位客戶的狀況，在交往的十五年內不斷重覆又一再發生的問題，為什麼認為結婚之後會自動被解決呢？當然，這麼說會讓很多人質疑起自己為什麼還要結婚，但我不是要嚇唬你們，而是希望當各位面對婚姻時，可以好好地思考自己結婚的動機究竟是什麼。

人們會想要結婚，往往是因為可以從對方身上看到與他一起共創的未來、成長、進化、相互扶持並傳承生命的潛能。在過去的諮詢中，常常有很多的客戶總拿男友會洗碗、煮飯、提包包來當作結婚的理由，但是說真的，我遇見過許許多多的伴侶，那些婚前會洗碗的，婚後不一定還會繼續幫你洗。很多婚前你情我愛的伴侶，在婚後也全都變了個樣。這一篇文章真的不是要勸退各位遠離婚姻，而是希望大家以不一樣的角度去思考這個決定。很多人在結婚前對婚姻有所幻想，覺得結婚可以更增進兩個人的感情，但是在真正結婚之後卻發現對方變得不如婚前溫柔體貼，更有可能會抱怨對方不懂得體會自己的感受，從男神女神演變成十足的豬隊友。但這或許不是因為對方不夠體貼，而是現實的壓力有時會讓人沒有辦法善解人意。就拿我來舉例好了，有時候光是忙小孩的事就足以讓我昏頭轉向了，這種時候往往只求老公不要成為豬隊友，讓我爆氣成為一個青面魔王就好了，還談什麼溫柔婉約善解人意……

暫時不討論兩人在婚前的性格與脾氣如何，我發現真正能夠維持婚姻長久的，其實是溝通的能力。如果兩人在婚前面對問題的時候，就願意透過溝通協調去找到彼此都可以接受的解決方法，並針對現有問題去做改善的話，那麼這樣的行為對婚姻來說才是最大的資產。因為無論你們有多麼地深愛著彼此，人們在結婚以後一定會遇到問題，而不是像童話故事一樣從此過著幸福快樂的生活。大部份的婚姻都是需要經營才有辦法維持下去的。單純地配合抑或是一味地期待（對方的改變），大多會導致分手的結果。在面對未來種種課題的時候，兩個人是否可以一同攜手面對問題，找到解決方法並朝著相同的目標前進，這才是可以穩定婚姻的要素。若是兩個人還沒有結婚就無法一同解決問題的話，那麼婚後的情況只會更糟；如果婚前就已經不會溝通，婚後更會用沉默來替代。你要的是一個可以一起創造生活的人，而不是一個單純因為自己過了適婚年齡而急著嫁娶的對象。

很多人在過了適婚年齡之後，深信婚姻是自己唯一的解套方法，但是在婚後卻又落入迫不及待想要離婚的煎熬當中。我相信每個人內建的本能都會讓他們找到最適合自己的對象。所謂適不適合、該不該嫁／娶，不管自己的腦子邏輯如何解釋，心裡也一定早有想法。所以，回到客戶的問題，如果交往了十五年你還在質疑自己該不該嫁的話，我想答案已經很清楚了，不是嗎？但如果你問我要選擇什麼樣的人結婚，那麼我會建議選擇一個願意與你溝通並一同解決問題的人。因為就算兩個人的個性不同，若是願意好好地坐下來溝通並一同思考解決方法的話，那麼不管未來遇到什麼樣的問題，一定可以一起度過，並慢慢地創造出幸福美滿的未來。

對我來說，婚姻很簡單。完美的婚姻不是取決於找到一個完美的對象，而是透過彼此的不完美而組成一個完美的結果。無論對方的條件如何，在遇到問題時是否有心想要與你一同解決才是兩人的關係得以維持與經營下去的關鍵。

婚姻是功課的開始，而不是結束。若是用正確的心態去經營它，並學會相互扶持，相信每個人都可以創造出幸福美滿的生活喔。

★

用心聆聽

・對應頻道 159 集・

常常有人問我要如何才可以與自己的靈魂導師和寵物溝通，或是知道另一半在想什麼，讓他不會背叛自己，又或者是要怎麼樣與宇宙連結等等，我覺得「用心聆聽」應該是最能夠回答上述所有問題的答案。

「用心聆聽」算是我的靈性旅程裡較為早期的課程。那個時候的我因為受到阿姨所傳授的宮廟文化影響，所以總是以非常傳統的方法幫人家解決各種冤親債主、卡到陰等問題。或許也因為這個緣故，讓我覺得靈媒的身份其實就像是個翻譯者，自然沒有辦法解決語言不相通的鬼的問題。就在我自以為跟鬼打交道已是得心應手的情況下，菩薩竟然突然要我開始學會「用心聆聽」。坦白說，那個時候的我還真搞不懂菩薩究竟想要我學什麼，因為在那之前的我都是依賴耳朵在聽鬼想要說什麼，我以為心應該是用來感受情緒的。這也導致課程剛開始的時候，我常常不知道該如何面對那些雞同鴨講的孤魂野鬼們，往往得要好一陣子才終於知道他們想要什麼，才有辦法超渡他們。

我在這段期間所接觸到的一名鬼是位來自三、四百年前身穿全副盔甲戰袍的日本武士。由於我不懂日文，所以即便他開口說話，我也是有聽沒有懂。原本還自以為聰明地請日本朋友幫我翻譯，但後來竟然發現原來日語也有現代日本人聽不懂的古文（不然就是我的發音真的太不標準XD）。再加上他總是二十四小時地跟在我的身邊，這讓原本想要擺爛的我也不得不趕快想辦法讓他離開。但我們兩個雞同鴨講了將近一個禮拜，怎麼也找不到幫他解決問題的方法。當我崩潰地向菩薩求助之時，祂就只是不斷地要我學會「用心聆聽」。真的是幾度讓我懷疑人生，因為我真的不知道「心」究竟要如何才能聽得到聲音。

我一直以來有個習慣，就是會要求鬼離我遠一點站。因為鬼在還沒有進化成為靈魂以前，身上總是還夾雜著生前的哀傷與遺憾，這使得他們一旦離我太近，我便會受到他們的情緒所影響，而久久不能釋懷。或許是因為自己與那名日本武士鬼朝夕相處了幾個禮拜，就算他站得遠也可以感受到他身上的哀傷，這開始讓我想起那種遠走他鄉的鄉愁感。當我不確定地問他這是不是他的感覺時，竟第一次得到他肯定的回應。只不過再怎麼想家，離開三、四百年再回去也鐵定是人事全非，所幸在這個時候，菩薩終於願意高抬貴手協助他進入到白光之中，我這才好不容易解決了第一個「用心聆聽」的課程。

只不過我高興得太早，耳根子清靜還不到一周的時間，家裡又莫名地出現一名金髮的外國鬼。原以為金髮鬼可以用英文盡快打發走，卻沒有想到眼前的外國鬼竟然一句英文都不會講。重要的是，不會講還超愛講話，簡直是想要用最快的速度將我逼瘋。雖然說我處理掉第一個鬼，但是我其實對於「用心聆聽」這四個字還是一知半解。所以面對眼前同樣是有聽沒有懂的鬼，我根本不知道自己究竟能夠為他做什麼。但由於我是透過感受日本武士鬼的鄉愁來幫他學會放下的，這讓我不禁思考自己是不是也要感同身受地去體驗這位金髮鬼的情緒，進而了解他真正的需求。帶著這樣的心態，我試著去了解金髮鬼真正想要表達的情緒，沒想到竟然也歪打正著地抓到一點方向，幫他進到白光之內。

但依照慣例，我家的菩薩顯然覺得無三不成禮，沒多久又為我送上了第三名鬼。這會兒的鬼是名身穿唐服的鬼，原以為我的功課終於輕鬆了，卻沒想到眼前的鬼竟是個十足十的無臉男，幾度還以為這是只有在漫畫裡才會出現的角色。不但沒有嘴巴可以說話，更沒有表情可以讓我揣測他想要表達的意思。但經過幾個月的訓練下來，我開始漸漸地了解菩薩一直掛在嘴上的「用心聆聽」究竟是什麼意思。其實就像英文的**Empathy**（同理心），就是不讓自己受限在語言所能夠表達的，而是用心去感同身受對方的情緒。當人們學會換位思考之後，才能夠拋下自己的成見，真正地用對方的立場為他們找到問題的答案。

這一整段「用心聆聽」的課程維持了將近六個月之久，一個結束之後，菩薩總有辦法幫我再找到另一個完全無法用言語溝通的對象來讓我練習。但也因為這樣，讓我發現這對我的靈性之路其實有很大的幫助，因為它教會我放下自己的成見，換位思考地去體驗對方的感受，真正地試著用他們的角度為他們尋找解決的方法，也讓我學會與各種不同次元的靈體溝通，我深刻地意識到人類先入為主的邏輯觀念，往往是導致我們無法真正有效溝通的絆腳石。

常常有很多人問我要如何與人溝通、跟宇宙做連結。我曾說過宇宙是一種振動，而唯一可以與它溝通的方法是與它產生共振，進而知道它所要傳遞的訊息。當一個人用心聆聽的時候，他會開始用心去感受對方的情緒，而不會受到語言的限制。也就是說，一旦人們可以與身旁的人事物產生共振，就可藉此感受來幫忙找到解決的方法。而這個方法適用在任何有生命的事物上，包括動物、花草樹木等等，只要是生命體其實都可以練習用心來與之溝通的。很多人相信自己是廊瓜，所以不認為自己有辦法與任何人事物做連結。但若真的有心想要學會用心溝通，就會發現生活中無時不刻都是練習的機會。我相信用心去感受是每個靈魂與生俱來的肌肉，只不過我們從來沒有被教育該如何使用這樣的肌肉，使得我們根本不知道它的存在。但是說穿了，其實就只是試著讓自己站在對方的立場想一想，而不總是以自己的看法去為所有的事情下註解。我相信這樣的肌肉在經過訓練之後，會很快地可以在沒有共同語言的基礎下，感受到彼此真正想要表達的內心。這個技能同時也可以幫助你去感受大部份的人無法用語言表達的背後情緒，有時候可能是他們的不安全感，抑或是他們急欲想要隱藏的謊言。一旦你與想要溝通的人產生共振時，那麼你就比較不容易受到對方的語言、表情，又或是行為來影響你的判斷。如上所說，日常生活裡到處是可以練習這種共感能力的機會，諸如家裡的花草樹木、小動物，全都是與你語言不通但具有生命力的練習平台喔。

在這麼多年的靈性旅程中，我發現「用心聆聽」其實是與任何生命溝通的基礎，特別是當你有興趣想要與自己的內在小孩、靈魂導師、寵物、生物、另一半溝通的話，那麼學會用心去感受對方絕對是重要的關鍵。因為這會讓你不受限在自己眼睛看到、耳朵聽到的，而是用心去感受對方內心真正想要表達的。所以如果各位有興趣但又不知道從何開始的話，可以試著從身旁的生命體開始練習。至於要如何知道自己的感覺是對是錯呢？我只能說既然各位選擇走靈性之路就請先學著放下對「犯錯」的恐懼，因為人一旦害怕犯錯就自然會減少學習的機會。若是凡事都帶著試試看的心態，我相信各位自然而然地都會從過程中慢慢地修正自己的感官，更不用說各位的靈魂導師也會在一旁協助你們走向正確的道路喔。

你曾經活過的證據（輪迴的證明）

・對應頻道 163 集・

我知道有很多的宗教其實是不相信輪迴的存在，所以我今天的分享不是要與任何宗教對立，也不是要證明誰是錯的，只是想要單就一個靈媒的視角與各位分享我的個人意見。佛教是相信輪迴的，許多的經文教義也都是建立在輪迴之上，諸如：因果報應，六道輪迴，業力等等，所以此刻我暫時以一個佛教徒的立場來與各位討論「輪迴」這件事，並不是要反駁任何宗教。若是我的想法與你的信仰產生任何的衝突，也希望各位不要放在心上，我既沒有批判的用意，也沒有針對任何宗教喔。

一般人提到輪迴，其實大多偏向負面的觀念。特別是受到老一輩的傳統教育薰染，許多人會認為靈魂之所以落入六道輪迴是因為跳脫不了因果，要不是來受罪的，就是來還債、做功課的。佛教教義認為靈魂要進入涅槃才可以不再受輪迴之苦的觀念，這讓人們普遍相信輪迴是苦的，也使得大多數的人在提到輪迴的時候，覺得那是靈魂應該想盡辦法遠離的，因而對輪迴產生負面的態度。但即便如此，難道各位就不好奇所謂的「輪迴」真的全都是不好的事嗎？難道在這麼多輩子裡，真的只有靈魂急著想要逃脫的處境與遭遇嗎？

不管到目前為止你在這輩子活了多久的歲數，應該都清楚地知道人生總是起起伏伏，有好有壞吧？不管你是否也認為「輪迴」是來受罪的，相信你到目前為止一定也擁有過不少美好的回憶。既然如此，不單單是在這一輩子裡會有美好的回憶，相信你在累世的輪迴裡，鐵定也曾經有過令人難忘的美好回憶吧？生命中既然有讓你難過的事就必然會有讓你高興的事，就算再怎麼遇到不好的人，也一定會有遇到真心對待你的人的時候，難道各位一點都不好奇那些美好的事物究竟去哪裡了嗎？難道輪迴最終的結果就只是為了收集滿滿的不幸嗎？

如果真是如此的話，那麼靈魂又究竟是為了什麼而輪迴呢？假設每個靈魂在累世的輪迴裡真的體驗過美好的回憶的話，如今那些記憶又到哪裡去了呢？

其實每個人的生命裡都可以隱約地見證到輪迴所遺留下來的美好記憶，所以我希望能用一個不一樣的視角，幫助各位重新思考輪迴這件事，或許可以讓你們發現它並不如想像中的負面，也不是人們急著想要跳脫的苦境。

你有沒有很喜歡一樣東西，但這種特別的喜好卻沒有辦法在這一輩子裡找到任何的依據，也沒有任何理由可以解釋自己為什麼對它情有獨鍾？那很可能是你從小就特別喜歡喝茶，或是特別喜歡某一個國家，也有可能是某種特定的文化、藝術或是宗教，又或者是某種特別偏愛的甜食。當然，我相信有很多人會告訴我自己，之所以喜歡這些事物是因為某種緣故，但是我在這裡指的不是那些從小就習慣接觸的東西，而是泛指那些你明明到目前為止接觸不多，卻特別喜歡的事物。就好比你明明沒有出過國，但是卻特別喜歡巴黎。又或者是特別喜歡十五世紀的穿著打扮、古埃及文化、法國革命時期，又或者是某個年代的音樂，更甚至是建築、車子等等。這些莫名的喜好有時候會驅使你特別想要成為某種樣貌的人，又或者是去某一個國家。有時候你所喜歡的東西不一定是外來物品，很可能也是你自己身上的某個部位，例如眼睛、頭髮，甚至是自己看不到的背。我要說的是，你的生命中一定會有很多東西是你完全找不到證據，也沒有辦法解釋為什麼，但你就是比一般人還要來得喜歡。就像是你為什麼特別喜歡科學、化學、歷史或是藝術等等，如果你有意識到自己的生命裡也存在著這樣的事物的話，那麼結論是：這些東西全都是證明你曾經活過的證據。

在這麼多年的研究中，我發現：我們在每一輩子的輪迴裡一定會遇到一些美好的人事物以及難忘的回憶，而這些體驗會深植在靈魂的記憶裡面。就好比你如果曾經在美國的五〇年代活過一段風光又夜夜笙歌的人生，那麼你很可能會把那種美好的感覺與當時的音樂做了連結。等你輪迴到這一輩子的時候，每當你聽到五〇年代的音樂，你的靈魂就會不自覺地啟動前輩子的肌肉記憶，再次體驗當時的美好。又或者像是有人特別喜歡自己的頭髮、腳踝、肩、背……，這些都很可能是因為在某輩子裡，當時的愛人特別鍾情的部位，又或者是自己因為某個部位而得到許多人讚賞的緣故。正因為情緒與物品做了連結，因此成了靈魂累世難忘的肌肉記憶。

基本上，任何你在這輩子裡比常人還要喜歡的人事物，大部份就是你曾經輪迴過的證據。這樣的感覺往往代表著那曾經是一段美好的記憶，而不是壞的體驗。你要是特別喜歡自己身上的哪一個部份，那很可能是在那一輩子裡，這個部位曾經與那種美好的感覺是相互連結的。又或者是你在某一輩子得到某種技能或是勇氣是你曾經引以為傲的，那麼在這一輩子裡面，那樣的技能與勇氣也自然而然地被延續下來。假設一個人在某一輩子裡好不容易學會了勇氣，那麼再投胎的時候，靈魂就會不自覺地變得更勇敢一點。如果有一個人曾經在某一輩子裡特別享受畫畫，那麼在這一輩子每當自己拿起畫筆，靈魂就會不自覺地沈浸在上輩子喜悅的情境裡，更不用說在上輩子若是曾經有苦練過的技能，這輩子更是理所當然地一拿起畫筆就會揮灑自如。

我在此的舉例都是針對那些從生命中找不到證據來佐證你的喜好，而不是那些你可以明確地告訴我為什麼你會被培養出來的喜好。我相信每個人的一生中一定都有一些特別的喜好是找不到任何證據的。所以我在這裡想要跟大家討論的是，每當你們想到輪迴的時候，不要一直以為「輪迴」是人們急著想要跳脫的苦差事。人的一生既然有不順遂的事，自然也會有美好的事物來呼應。那些你在這輩子特別喜歡的辛香料、味道、行為、國家、人文、語言……，大多來自於你的前世曾經體驗過一段美好的記憶，而不自覺地與當下的事物做了連結，進而在你的靈魂深處烙下印記，導致你這輩子投胎的時候會不自覺地對這些人事物產生特別的喜好。

有網友問：每個人的特質會隨著輪迴變得更加鮮明嗎？

答案是確定的。但還是鼓勵各位盡可能勇敢地活在當下。因為當一個人不斷地活在恐懼之中，那麼他的恐懼就只會隨著輪迴而變得愈來愈鮮明。輪迴的特質不分好壞，也就是說你在這輩子裡著重的東西會成為你未來人格凸顯的特質。所以如果一個人能夠專心地活在每一刻，不斷地收集這些美好的回憶，那麼它們自然會成為你下輩子的特長或是喜好。就好比這輩子開始喜歡登山的人，到了下輩子就會喜歡接近大自然。這輩子熱愛露營的人，上輩子鐵定在郊外有過很美好的回憶。每一個人的喜好、技能與專長都不一樣，有人喜歡喝茶勝過咖啡，有人偏愛東方文化，有人熱愛法國革命時期⋯⋯，這些美好的事物其實都是你曾經活過的證據。

所以透過這個分享，我希望各位不要總是以為輪迴是種苦難，投胎就是來做功課、還債的。其實它還留給我們許多美好的事物是我們從來沒有注意到的。

所以如果你也好奇自己是否曾經輪迴過的話，那麼就試著從觀察自己情有獨鍾的事物開始著手吧。因為每個人的生命中難免會有無法解釋的喜好與厭惡，所以我相信你們一定可以藉此來找到自己曾經在這個地球上活過的證據。

當然，也有很多人相信自己是一個全新的靈魂。但如果你真的是一個從來沒有來過地球投胎的靈魂的話，那麼你根本不會對這個地球上的任何人事物有特別的感覺，既不可能喜歡，也不會厭惡，因為它們對你來說都會是全新的東西，包括你的七情六慾。你可能會對這些事情感到無感，但更多的會是好奇。如果你有興趣想要知道自己上輩子曾經是什麼人的話，花點時間觀察那些你特別鍾愛的人事物，可能是紐奧良的音樂、法國十六世紀的服飾、中古世紀的藝術品，也可能是某一段時期的哲學觀……，這些，全都是代表著你曾經在那一個時期活過的證據。所以，輪迴不是全然是不好的，那些美好的事物一直以來都存在你們生活中的每一個角落喔。

平行宇宙與時間次元

·對應頻道 167 集·

我第一次接觸到平行宇宙的觀念是在我約莫十四歲時，那時候有人跟我說有另一個世界是與我們的世界平行的，也就是說無論你今天做了什麼事情都會嚴重地影響到那一個世界的結果。時至今日，我已忘記這個觀念是誰說的，但是我清楚記得那個人告訴我，那個世界其實就像是我的分身，他說如果我在這個世界活得太快樂的話，那麼那個世界的我就會活得不快樂。反之，如果我感受到痛苦的話，那麼在那個世界的我就會感受到快樂。反正那個人口中的「平行宇宙」其實就像是鏡子裡的反向世界，也就是說宇宙之間其實還有另外一個我是為了我而平行存在的，而我今天的一舉一動都會直接影響到那個世界的我。只不過說真的，這個平行宇宙觀真的是破壞我童年純淨又無知的幼小心靈！這到底是叫人要快樂還是享受痛苦啊？因為只要我幸福，世界的另一個人就會因我的快樂而痛苦？！正是這種扭曲的觀念才會讓人們連快樂都覺得很自責。

當我年紀長一點的時候，這樣的觀念又有些不一樣的解釋。那個時候對「平行宇宙」的解釋是：我們的生命中常常有很多必須面臨抉擇的時刻，而在那個當下所做的**A**選擇與**B**選擇都會各自發展出屬於它們的結果。也就是說我們生命中的重大選擇其實就像個分支，會隨著每一個不同時期出現的選擇再延伸出各自的結果。所以各位一定可想而知，我們的人生中充滿著選擇的時刻，那麼當這個時刻發生的時候，你如何知道自己要選擇哪一個分支呢？又怎麼知道在選擇了這個分支之後，未來會不會又出現另一個自己想要或是不想要的結果呢？所以只能說這個時期的「平行宇宙」同樣是個讓人既困惑又困擾的解釋。

後來，又有一些說法解釋所謂的「平行宇宙」其實是指「過去」與「現在」是同時存在的，甚至在一些電影裡也有人們回到自己的過去以改變現在的結果的情節。（《回到未來》，**Back to the Future**，應該就是最經典的片子吧？）

我就算不曾實際地回到過去，但以靈魂的姿態也來來回回穿越了不少地方。我想要與各位分享的是，就算我真的回到了過去，我能夠做的、以及可以改變的事物真的很少。就算真的可以改變，或者自以為是地改變成為你覺得「比較好」的局面，宇宙也有一種很神奇的力量讓一切恢復到它原本應有的樣貌。也就是說，無論你覺得自己做了什麼改變，歷史依舊是歷史，那些應該發生的，到最後還是會發生。雖然我從小到大被介紹了很多「平行宇宙」的觀念，我本身對它也挺好奇的，但並沒有辦法做深入的討論，只能就我個人的看法與各位分享我所知道的。我花了十幾年的時間，也只能大概了解「平行宇宙」是如何運作的，但卻仍不清楚它的全貌。在客戶諮詢的過程中，我常常需要回到他們的過去，也曾經試圖去做一些改變。也是在這個過程中發現我可以改變的東西真的很少。這很可能是因為自己長久以來的宗教背景，讓我覺得自己就算回到了過去，也不能夠改變已經發生的事。尤其我的靈媒旅程中有將近三年的時間，我都在處理大家的冤親債主，所以讓我有很多的機會可以回到過去，只不過回到過去之後，通常會發現自己無法改變任何事。同樣地，因為經常處理客戶的案件，讓我有很多去到未來的機會，高靈給我的這個技能，讓我在諮詢客戶的當下可以因為他的意念改變而看到他的未來同時間跟著轉換。正因為這個技能的關係，讓我研究發現：我們的未來其實是取決於我們此時此刻的意念，如果我們的意念改變的話，那麼我們的未來就會同時間跟著改變。這接二連三的觀察，讓我開始了解我們的過去、現在與未來都是同時存在的。它們彼此牽制，也彼此影響到最終的結果。

前一陣子，我剛好接觸到一部片子叫《異形入侵》（**Arrival**），過去曾有網友因為這部片子而問我說，我之前提到回到過去並沒有辦法改變太多事情，而且未來是可以自己創造的，那麼以平行時空（過去、現在、未來）同時存在的觀念來看的話，過去所發生的一切就已經決定了現在和未來，那麼在這樣的情況下，我們又要如何改變未來？容我稍作解釋，就以往的觀念來看，時間的是線型的，也就是必須從**A**點走到**B**點，再從**B**點走到**C**點，是以一直線的方式朝著同一個方向發展的。也就是說過去的我會造就現在的我，而現在的我會形成未來的我。因為不能改變過去，所以只能接受過去的自己來創造未來的我。但是平行宇宙不代表所有的事都同時發生，而是在每一個點所發生的事都會影響到其它的任何一個時間點的結果。如果用點面狀的方式去理解時間的話，這每一個點包括著你的過去、現在以及未來。所以舊有的觀念裡面，我們過去所發生的事情會影響到我們現在與未來的發展固然沒錯，但是以多方位的角度去思考就會發現，我們此刻讓自己的靈魂進化，自然而然地會給予過去（不管哪一世）那個受傷的靈魂力量，進而促成那個靈魂在未來的成功，而這就是所謂時空同時存在的意義。

舉例來說，我們因為過去的創傷而導致現在害怕孤單，或是怕被拋棄，若是我們因為恐懼而一直遲遲不敢跨出步伐的話，那麼我們就會印證「過去創造出我們的未來」，因為我們的恐懼大多會創造出與過去相同的結果。但是一旦人們決定開始面對自己的恐懼，不是允許恐懼支配自己的生活，而是願意克服的話，那麼在此刻執行與過去不同行為的情況下，未來自然會創造出不一樣的結果。就好比從小遭受虐待的小孩可以在長大後選擇繼續活在恐懼中而不敢靠近人群，又或者是讓自己走出陰影進而幫助同樣遭受虐待的小孩。在這個尋找自己的過程中，靈魂會慢慢地找到屬於自己的力量並同時安撫內在那個受傷的小孩，也會在同時理解過去的一切是如何造就今日的自己，並對未來的自己重新創造出完全不一樣的樣貌。這是療癒一個點並在同時影響到過去與未來的結果。

當我們對一件事情真心地感到釋懷的時候，心裡都會有一種放下的感覺。當這樣的感覺產生時，未來自然而然地會受到這個心念轉換的影響，因為它再也不需要受到過去創傷的羈絆。此外，我們常常覺得這輩子發生的所有事最多只能影響到這輩子，但事實是，任何一個時間點所做的改變所能夠影響到的層面是更廣大的。舉例來說，許多人都莫名地懼高，又或者是有社交恐懼，自己也無法解釋這些恐懼是從何而來，然而這些不知名的恐懼大多是從前世殘留下來的。在我們舊有的觀念裡，我們會讓這些恐懼來決定現在的我是什麼，以及未來可以做什麼，以致於未來的我們還是一直被困在相同的恐懼當中。我們幾乎從來沒有想過，只要我們願意在任何一個時間點做出改變，都會直接地影響到任何層面的自己。所以即便我們所面對以及處理的是這一輩子的恐懼，但是我們所安撫到的很可能是某一輩子遭受同樣遭遇的我們，更不用說從那一輩子到這一輩子中間的許多時間點。

時間的存在並不是**2D**的次元以**A**到**B**點的方向直線前進著，它其實是多元共存的。與其用線型觀念來思考時間的存在，倒不如用蜘蛛網來形容時間的存在會更貼切。也就是說無論你動到蜘蛛網上的哪一個點，它都會直接或間接地牽動到網上的任何一個點。現在的你，就像是那個正在織網的蜘蛛，可以隨時遊走於網上的任何一個地方。這片網最終會形成什麼模樣，決定權是在那隻蜘蛛身上，牠可以照舊有的觀念織出人人期待的一片網，也可以彷彿藝術家性格爆發，織出一個**3D**的藝術品。

人生本來就是一條無法預測的路，也正因為如此，未來才有無限的可能。就像每一個藝術家一樣，雖然一開始總會對自己作品有所期待和預設的雛形，但隨著創造開始，往往就會激盪出更多不一樣的想法與創意，到最後可能會發展出跟當初完全不一樣的結果。而在藝術創作的過程中，有時候也會需要拋棄過去的一切再重新開始。這樣的舉動其實就如同我們回到過去的某一個片段去療癒自己，選擇放下。因為學會了放手，未來的我們也因此得到了自由。重要的是，只要願意跨出那一步，未來自然會有它的方向出現。相反地，待在原地一動也不動的蜘蛛是織不出任何網的。

如前所述，我沒有辦法很完整地解釋平行宇宙，只是透過幾個例子來讓大家有不一樣的想法。若是把時間跳脫直線觀念，改用網狀的觀念去思考時間的話，或許就會比較好理解。當你了解所有時間點都是互相牽制，可以彼此影響，你就清楚地知道自己的每一個動作都可以影響到每一個時間點的你心境上的轉換，不管是過去、現在還是未來。舊有的教育觀念或許會限制我們的想像，但只要大家願意用不一樣的視角去觀察，自然就會挖掘到更多的可能。我們其實活在一個很多元的世界裡，我們或許還沒有辦法解釋宇宙的一切，又或者說我們暫時還不能理解它是如何運作的，但那並不表示我們的未來也會像現在一樣一成不變，也不表示我們無法解釋的東西是不存在的。我喜歡給各位不一樣的思考角度，讓各位去挖掘宇宙間的種種可能。我們的身體是靈魂所創造出來的工具，今天如果我是在靈魂的狀態下，我可以同時間存在於三千年前的過去、現在以及二十幾年後的未來，光是這一點，就足以證明過去、現在、未來是同時存在的。所以無論現在的你是用什麼方法去詮釋時間這件事，但與其相信時間是線型存在，無法做任何改變，倒不如想想看，如果時間是一片網狀的存在，而你的任何一個行為觀念的改變都可以對它產生影響的話，那麼現在的你又願意為自己做些什麼呢？或許在你願意改變的那個當下，你就已經開始創造出屬於你的平行宇宙了。

如何分辨小我與大我的聲音？

·對應頻道 176 集·

在這麼多年的諮詢中，常常有人問我要如何與自己的高我對話，也常常有人希望可以得到高靈們的指點，好在人生的道路上少走幾條冤枉路。只不過很多時候因為腦子裡有太多的聲音，讓人感到不知所措，無法分辨那究竟是大我還是小我的聲音。我就常聽朋友說他們感覺自己好像連接到高靈，但卻無法分辨自己所接收到的訊息究竟是來自於高我還是小我。

其實我不認為各位可以「聽到」高我的聲音，大部份高我的聲音都是透過

「感覺」得知的，這源自於「高我」其實就等於你內在那個全知的靈魂。但今天我還是就我的立場來向大家解釋。我之前說過：「小我」是由你的個人經驗、教育、環境、文化、背景……所生成，進而組裝成你腦子裡所使用的邏輯以及思考方式。所以通常「小我」的話很多，因為我們會習慣用過去的經驗，或是社會所教育的訊息來推斷或推算我們會有什麼樣子的未來。所以基本上，我們如果是一個常常活在邏輯（小我）的人，那麼我們依照演算法所推算出來的未來往往與過去的結果不會有太大的差距。「小我」基本上只要在你醒著的時候都沒有住嘴過，甚至常常你還沒有開口講話的時候，那個聲音就已經不斷地在你的腦子裡徘徊。例如：他是不是覺得我不夠好？我是不是該怎麼做？我到底該怎麼辦……。你知道的，那個無限跳針輪迴，又在你的腦中若有似無的存在，幾乎全都是你的「小我」的聲音。正常的情況下，只要你醒著就會聽到它的聲音，但也有時候連睡著也聽得到它的聲音。例如你明明人已經躺在床上了，卻還總是聽到自己說：我是不是瓦斯沒關？今天下午怎麼那麼笨？明天的考試會不會遲到……。

那麼要如何分辨「小我」的聲音呢？「小我」除了很愛講話之外，同時也很情緒化。舉例來說，我們常常會面臨到人生的十字路口，在這個時候我們會很希望自己能連結到「高我」，藉由它來得到一點提示以幫助自己做出正確的決定。在任何的人生十字路口上，你永遠有A與B的選項，在這種時候要分辨「小我」的聲音其實很簡單，只要做了選擇之後可以激盪出你的情緒的，全都是你的「小我」的聲音。因為你的邏輯會開始告訴你，選這條路不安全、沒有保障、為什麼會比較安心、又為什麼這是比較正確的決定……。通常你的小我會選擇自己熟悉的舒適圈，也就是你在過去經歷累積下的慣性選擇。所以在這種情況底下，各位好奇究竟A還是B才是「高我」的聲音時，我必須很殘忍地回答各位：通常兩個都是「小我」的聲音。這個道理很簡單，因為「小我」是由邏輯所組成的。今天不管你做出什麼樣的決定，只要在選擇前後會不斷地想要辨解、合理化自己的選擇、大哭大鬧，更甚至找一百個理由來安慰自己的聲音，這些全都是你的「小我」藉由你過往的經驗、記憶以及習慣所產生的反應。

但這並不表示你們一輩子都聽不到「大我」的聲音。我之前的文章提過：每個人都有與「大我」連結的時候。只不過「大我」通常沒有很多的廢話，而且與人的連結也往往只有三秒鐘的時間。三秒過後，幾乎全都是「小我」的聲音。那麼這短暫的三秒鐘又要如何拿捏呢？坦白說，這世界上不是只有我的「大我」不喜歡說話，各位的「大我」也不是個多話的人。之所以這麼說的原因在於：在「大我」的視角裡，人生中沒有任何的選擇是錯誤的，每一條路都是他在你還沒有投胎以前就已經謹慎思考過的計劃。在人類的觀念裡，覺得自己如果跟對的人在一起就不會浪費時間，這種在人類邏輯裡面合情合理的解釋，在靈魂底下是不成立的。也就是說，從靈魂的角度來看，根本沒有所謂的錯誤。我們投胎後遇到的這些人事物，全都是在投胎以前就已經計劃好的。生命中沒有意外，只有選擇，而且任何的選擇都會是對的選擇。今天無論你選擇了**A**還是**B**，又或者是突如其來的**C**跟**D**，它都一定會把你帶到相同的結果。今天不管你遇到什麼人，與這個人到最後有沒有發展，你之所以鋪設了這個人生平台，都是為了幫助你的靈魂到最後活出他最想要的樣子，又或者是得到他一直想要得到的領悟。你的人生中沒有所謂的錯誤與意外，種種人事物的安排都有存在的道理，好讓你進化成為更好靈魂的目標。所以無論你的劇情如何安排，場景如何轉換，都不會改變你成為更好的自己這件事。也因此，你的高我不會告訴你這個答案是對的、那個答案是錯的，因為他知道所有事情的發生都有存在的道理。也因此，每個人的「高我」最常說的一句話就是：**Everything will be okay.**（一切都會沒事的。）不管你的人生多麼低潮，遇到的人有多爛，自覺已經跌到谷底了……，你還是只會聽到這麼一句：**Everything will be okay**。這是因為你的靈魂導師知道這一切的安排一定都有道理，他沒有辦法、也不會安排一個你沒有能力去處理的問題。好，我知道你們有很多人會抗議自己真的遇到處理不了的問題。但我真心相信不是你不行，而是你從來沒有去試過別的路。有些時候，事情不是要你一味地撞破頭去找到答案的，而是需要你向外尋求援助，或是需要你靜下心來，一步一步慢慢走出來的。

所以如果你想要分辨什麼是「大我」，而什麼又是「小我」的話，簡單來說就是：「大我」一點也不喜歡說話，「小我」則是從來沒有住嘴過。他們要是擬人化地站在各位的面前，應該會很好分辨才對。我花了很多年的時間才發現要分辨「大我」與「小我」的聲音真的是浪費時間。因為大部份的時間都是「小我」在發言，特別是只要你做了什麼決定，有注意到自己有很多的情緒需要他人的安慰或是鼓勵等等，幾乎都是全都是「小我」的聲音。因為「大我」知道不管你選擇走哪一條路，一定都會引領你走到靈魂最想要的終點。

其次也有很多人問我：「既然高我從來不會安排自己跨不過的坎，那麼為什麼還有人會選擇自殺？」這其實不是高靈的問題，大多是「小我」的聲音在作祟。因為人們在選擇自殺前，往往已經被困在邏輯所創造出來的情境泡泡裡，讓他們深信自己的痛苦遠大於死亡，而死亡是他們唯一的路，更不用說他們大多不願意對外尋求援助。因為如果他們有聽到「大我」的聲音，就應該知道不管人生的道路有多難，到最後一定都會沒事的。這種信念會讓你在最絕望的時候願意退一步思考，看見身旁處處充滿可以幫助你走出困境的貴人。

「小我」會害怕犯錯，「大我」覺得錯誤是學習的必經過程，所以不管你的人生做了什麼決定，只要是在以尊重為前提的情況下，都勇敢地放手去做吧。因為人生中的每件事，你都可以選擇突破以及得到領悟，無論是選擇**A**或**B**，都可以透過學習走到你想要的終點。與其想要分辨「大我」與「小我」的聲音，不如把時間投資在思考自己想要成為什麼樣子的人，想要有什麼樣子的影響力以及想要活出什麼樣子的人生。當你願意為自己的靈魂好好地規劃未來，並勇敢地朝著那個方向前進，充實地活出你的每一天，那麼你的「高我」，一定會把你帶到最完美的結果。

「自處的時間」的必要性

・對應頻道 170 集・

這篇文章想要與大家討論「**Me Time**」，我翻譯成「自處的時間」。想討論這個話題的原因在於這麼多年來的諮詢，我遇到不少身為媽媽的客戶，這才發現其實有很多人都不知道「自處時間」的重要性，反倒覺得既然當了媽媽就更應該理所當然地將自己的精力與時間完全地投注在家庭上面。

「**Me Time**」在國外是個很普遍的句子，就如同字面上的意思，指的是自己的時間。人們大多會在這段時間做一些自己喜歡的事，也就是跟家人、小孩、另一半完全不相關的事，單獨地學會與自己相處。有很多亞洲人會認為這段時間就是該用來靜坐、冥想或是靈療。雖然感覺好像都是為自己做的事，但就我的感覺，你所做的事情影響到的精神層面卻是完全不同的。國外的 **Me Time** 大多是用來做自己喜歡做的事，而且做這件事的出發點是為了讓自己快樂，而不是為了別人才產生的行為。它可以是你與喜歡的朋友一起喝下午茶，也可以是一個人散散步、畫畫，抑或是享受閱讀時光。基本上在這段時間裡面，你不會在意別人喜不喜歡你做的這件事，也不在乎做這件事的投資報酬率，只是單純地為了喜歡而去做一件事。而這就是我想要與大家討論的「自處的時間」。

其實我們每一個人無論年紀大小，或是男女老少，只要是一個有生命的靈魂，**Me Time** 就是一件很重要的事。正因為每一個生命都是自己宇宙的主軸，我們身旁發生的任何事，全都來自於我們的起心動念。我們的能場會決定我們吸引到的人事物，所以為了吸引好的人事物進入我們的生命，我們就必須花一點時間好好地照顧自己的靈魂，一旦靈魂得到適當的照顧，它才會產生好的能量去吸引對的東西。如果大家了解這個道理，自然就可以了解「自處時間」的重要性。雖然很多的女性在步入婚姻之後會很自然而然地將自己的時間與精力投注在照顧家庭上，但每一個靈魂其實都應該花一點有質量的時間與自己相處，才能夠有效率地去照顧好別人。也就是說，每個人都應該適時地學會與自己的靈魂做連結，這個時間往往不需要很長，可能只是三十分鐘，抑或是一個小時就可以讓你的靈魂得到完全的充電。也正因為你才是自己宇宙的中心，所以無論你在生命中的哪一個階段，無論有多麼地忙碌，都應該讓自己習慣性地撥出這樣的時間來好好地照顧自己。

我們輪迴投胎都是為了克服人生的功課，以到達靈魂設定的人生目的地。我們常說人死之前都會反省一下自己在這一輩子裡究竟做了些什麼，這個反省的過程裡鮮少是反省他人的所做所為，而是著重在自己的一生。所以在這一生，對你來說最重要的人就是你自己——你只在乎自己做了什麼以及是否達到你的靈魂想要的標準。這也是自處的時間相對重要的原因。如果我們在成長的過程裡，曾經有人教育我們要花點時間看看書、做點自己喜歡做的事是重要的話，那麼這樣的觀念就會對我們造成長遠的影響。因為我們會理解與自己獨處的重要性，也會藉此學會照顧好自己。因為得把自己照顧好了，才有辦法創造出自己想要的未來，也才有辦法創造出好的能場來吸引對的人事物。

我之所以想要討論這個話題，主要是想要與媽媽們分享。因為母親這個角色常常會因為小孩以及家庭的繁雜瑣事而忙到沒有自己的時間，往往在一味地為家庭奉獻的當下而漸漸地迷失自己。我最常聽到母親們在被建議去做點自己的事時回答我說：「我哪有那個時間！每天光是忙小孩的事都已經昏頭轉向了，再加上小孩又黏得緊，根本沒有時間做自己喜歡做的事。」但是，小孩的情緒在剛出生後有將近五年左右的時間都是與母親的情緒緊緊相連的，所以母親照顧好自己情緒的當下，小孩的情緒自然而然地也會得到安撫。因此 **Me Time** 在這個時期顯得格外地重要。你必須要做點自己喜歡的事，也是在享受做那件事的當下，你的心靈才會達到一種平靜的境界，進而影響到你的小孩的情緒平衡。很多人常常會以為要跟自己的靈魂做連結就一定要做些諸如靈修或是靜坐的事，但其實最快能夠與靈魂連結的方法就是做自己喜歡做的事，因為在這個過程當中，我們會發覺自己的成長，也會意識到照顧好自己的身心靈有多麼地重要。我們會學著暫時放下手上的事情，可能只是短暫的五到十分鐘，讓自己學習休息過後再來處理那些永遠忙不完的事。我們會學著在忙碌的生活裡騰出一點時間，讓自己暫時不要為任何的事情擔心。或許是喝杯咖啡，也或許是看幾頁的書，你甚至可以訓練自己的孩子，告訴他們只要你拿著咖啡的時候，就表示你需要短暫休息的時刻，不想要被打擾（我認識的幾位媽媽是用轉動式的計時器，鬧鈴還沒有響之前都不可以打擾）。我知道這聽起來或許有點自私，但久了之後，你就會發現小孩會學著尊重你需要自己的時間。而今天之所以針對媽媽這個角色的原因在於，大部份的人其實都習慣與自己相處，但母親這個角色卻很常忘記做這樣的事。或許是因為母性使然，讓他們覺得自己有義務要照顧好每一個人，築巢的本性讓他們想要打理好家裡的一切，特別是在小孩凡事都還依賴母親的時候，身為媽媽的人會情不自禁地貢獻出所有的時間把小孩子養好，只是稍微鬆懈一點就焦慮小孩會不會出什麼事，又或者是不放心將小孩子丟給老公照顧，隨時擔心著小孩沒有準時睡覺，又或者是忘了吃飯等等，許多母親真的都只忙著照顧好別人而忘了照顧好自己。

以靈性的角度來思考，母親在家庭裡面真的扮演一個很重要的角色。雖然在傳統教育下，母親常常是被理所當然忽略的存在，但從靈性的角度來看，母親扮演著家庭情緒平衡的重要角色。我們都知道一個人的情緒要是不平衡的話，做事情也會跟著不順，進而不會發展出想要的結果。但如果一個家庭裡的母親的情緒是保持平衡的，那你會發現即便老公在外受了怨氣，回到家之後也會自然而然有種放鬆的感覺，小孩子上完課回到家後也似乎會莫名地感到安心許多。這主要的原因在於母親在無形中維持家裡的情緒平衡，而這跟母親長期待在家裡有很大的關係。相反地，若是家庭裡有個情緒化的母親，那麼這個家庭似乎就會莫名奇妙地多了許多無謂的爭吵。即便忙碌了一整天，回到家也沒有辦法好好地休息，反而更有種精疲力盡的感覺。正因為母親（或是長期待在家裡的主要照顧者）掌管著家裡面的能場，所以母親的情緒會直接地影響到小孩子的發育以及家裡人的情緒。如果大家了解這個道理的話，那麼自然可以理解 **Me Time** 之於母親的重要性。

如之前所說，小孩在初期發育（五歲以前）的時候，他們的情緒與母親是緊緊相連的。身為母親的人要是每天讓自己陷入庸庸碌碌的繁忙，那麼小孩的情緒也會易顯暴躁。忙到常常連午餐都忘了吃的母親，又怎麼可能會養出一個身心健全的小孩？特別是在小孩的語言能力還沒有被開發以前，他們是完完全全依賴自己的感覺在成長的，也就是說他們的情緒會被主要照顧者所影響。那麼一個只懂得照顧好別人卻無法照顧自己的人，是否也間接地教育了自己的小孩：他自身是不重要的？是不是也會讓他產生相對的認知：自己即便受傷了也無所謂，只需要照顧好別人就好了。

每個母親都想要養出一個有自信又快樂的小孩，那麼先決要件不是得先讓自己的言行舉止符合那樣的標準嗎？小孩是邊看邊學的，看著自己的母親總是為了他人庸庸碌碌，很可能會對他們的未來發展出兩種不一樣的結果。一是他覺得犧牲自己為他人奉獻是理所當然，另一個結果則是，習慣了什麼事都讓你打理好的他，長大後覺得其他人為他犧牲奉獻都是理所當然的事。這樣的人少了感激，也不會懂得珍惜，自然會在生命中錯過許多的機會。若你的小孩是個男孩的話，你是否也正間接地將你未來的媳婦變成跟你一樣的人呢？那麼你又怎麼能夠期望你的小孩未來能夠找到一個真的懂得愛他的人呢？

母親的角色之所以重要，是因為你的態度會直接地影響到你的小孩現在以及未來的態度。學會與自己相處可以讓你的小孩知道：照顧好自己，無論是心靈上還是生理上都是自己的責任。當一個人懂得自處時間的重要，他自然也會了解其他人需要屬於他們自己的時間。他們不會因為別人需要一點時間獨處時，就馬上陷入被拋棄的恐懼當中，也不會總是期望別人對他們的情緒負責。也因為懂得為自己的人生負責，所以他們可以開始創造出屬於自己的實相，顯化他們一直想要的未來。他們會了解自己才是自己宇宙的主角，自己才有權力編寫自己的劇本，他們會了解如何調整自己的能場以確保好的人事物發生。也因此，你現在所做的每一件事都會直接地影響到你的小孩的未來。

所以親愛的媽媽們，我知道家庭的責任與義務常常讓我們放不下，我也了解你們的擔心與害怕。但我想要讓你們知道，當你們把整個世界都擺在你前面的時候，請你千萬不要忘了自己。如果生活讓你忙碌到喘不過氣，請記得停下腳步，好好地休息，因為你學著把自己照顧好，就是你能夠給這個家最好的禮物。這世界的一切，都可以等你五分鐘的。在你照顧好自己的五分鐘後，你會是一個更好的老婆，也會是一個更好的母親。那個時候的你，或許也會有更好的精力去處理原本讓你煩惱的問題。母親是維持家裡情緒平衡的重要人物，學習讓自己快樂，你才有辦法養出快樂的小孩。過度壓抑自己的情緒，即便沒有說出口，但是以靈魂的角度來看，整個家裡的人也都會被影響到。過度地委屈自己，也很容易讓自己成為一個隨時可能引爆的炸彈，會很容易將自己的情緒加諸在他人身上，讓身旁的人戰戰兢兢地不知道如何與你相處。

每個人都是自己宇宙的中心，如果大家都知道這個道理的話，那麼對母親來說就更加地重要，多花一點時間與自己相處吧，做一些自己喜歡做的事，去散步、跳舞、與朋友聊天，這幾分鐘所創造出來的滿足感，絕對足以幫助你重新充電去面對其它忙碌的時刻。懂得喜歡自己的人，才有辦法教育小孩該如何欣賞自己。而不讓責任與義務說服我們犧牲是理所當然的，也不要讓社會說服我們照顧好自己是自私的，任何人都需要休息，即便是忙碌的母親也不例外。你可以從短暫的幾分鐘開始練習，當自己長出肌肉的時候，可以讓自己延長半個小時到一個小時左右的時間，甚至是讓自己走出家門去上個課、散散步等，暫時佯裝自己沒有家庭的束縛。只要知道，休息過後，你絕對可以成為一個更好的母親／妻子。透過學習照顧自己，你才會懂得照顧別人。學習主導自己的生命，你才有辦法教育子女成為一個能夠為自己的生命負責的人。所以各位新手媽媽們，千萬不要給自己太多的壓力。懂得放過自己，也是間接地放過身旁的人喔。真心希望大家都可以養出快樂的小孩。

睡眠的重要性

·對應頻道179集·

今天想要以靈性的角度來探討睡眠的重要性。不知道大家有沒有常常懷疑自己為什麼要睡覺？因為睡覺的時候什麼事也不能做，根本沒有任何的時間效益。特別是對一些平常日子就有點忙碌，二十四小時不夠用的人來說，就更會覺得睡覺似乎是浪費時間。我想有很多人像我一樣，因為有做不完的事，所以為了把事情做完就乾脆犧牲自己的睡眠時間。

但是，當你在睡覺的時候真的什麼事都沒有發生嗎？其實就我的多年觀察下來，我發現當人們在睡眠狀況的時候會做很多的事，只不過我們的大腦沒有意識到罷了。因為單就人類的邏輯思考會覺得人躺在床上什麼事也不能做，閉上眼八個小時就過去了，要是在清醒的情況下，這八個小時可以讓我們完成許多事，在人類的邏輯中，「什麼事都不做」就是一種浪費，所以有很多人在本該入睡時會想些煩心的事，這導致睡眠品質相對地降低，也因為「睡覺」與「浪費時間」被不自覺地劃上了等號，所以當我們覺得時間不夠用、事情做不完時，往往會選擇犧牲睡眠時間。

事實上，我們在睡眠狀態時，其實有很多的事正在進行著。我曾經提到身心靈三方面的重要性，當這三方面得到應有的平衡之後，人生就可以創造出所謂的百分之百的完美比例。也就是說身心靈得要在平衡的狀態，人們才會活得快樂，一旦過度偏重任何一方都會造成生活上的失衡。所以如果就一天二十四小時來做分配的話，我們的身體（也包含任何實質上的存在，包括大腦與邏輯觀念）應佔百分之三十三。而心（在此所涵蓋的如感官、感覺與情緒）應該佔百分之三十三，而你的靈魂自然而然地也會被分配到剩下的百分之三十三左右。也就是說，如果人們把一整天當做一個圓形大派的話，那麼身心靈都應該各佔三分之一。當你庸庸碌碌地過了一整天之後，你的靈魂若是在白天沒有得到照應的話，那麼就需要在夜晚時透過睡眠來重新充電。至於為什麼靈魂是透過睡眠來充電呢？我之前曾提到，當一個靈魂投胎到一個身體的時候，其實需要時間適應，然後慢慢地與身體產生連結。正因如此，所以人們需要睡眠的時間。透過睡眠的時間，靈魂會有機會與身體開始做連結，因為人們在醒著的時候，大多是透過腦子邏輯來支配自己的生活，而這種以邏輯為主的生活方式往往會被說服去忽視靈魂所要傳遞的訊息與感覺。然而邏輯思考與靈魂所追求的往往是不同的目標，這就是為什麼過度依賴邏輯過日子又不懂得休息，會導致靈肉有點分離的主要原因。

當靈魂投胎成為一個人的時候，需要很多的時間學習與自己的身體連結。在母體內，靈魂會隨著胚胎的發展而慢慢地試著與身體結合，這個時間點通常是在胚胎發展到至少三到四個月左右開始，直到出生。出生之後，他們會在白天學著如何使用自己的身體，而透過夜晚睡眠時來做重新連結的動作，這是初期的新生兒需要大量睡眠時間的原因。但這個過程並不會在五歲過後就停止，因為人體每天都會成長以及新陳代謝，你每天的信念都會改變你身體更新的細胞。所以即使是再負面的人，也可以透過學習正向思考來慢慢地取代身體裡的細胞。為了讓自己的身體可以逐漸地成長為靈魂想要的樣子，睡眠時間自然是讓靈魂與身體連結修復的最佳時期。因為每天透過生活所產生的些微改變都是需要讓靈魂去重新調整以及適應的。

所以在這看似什麼事都不做的八個小時睡眠時間裡，其實是你的靈魂與身體重新連結的最好時段。因為我們不像小孩子需要很長的時間學著適應完全陌生的身體，而是透過睡眠時間來調整每天所產生的改變。此外，當靈魂在睡覺的時候也會回到所謂的源頭（**Source**），也就是各位所說的靈魂資料庫。回到源頭主要是為了讓靈魂可以得到完全的充電，很多白天想不通的問題，也可以趁著靈魂回到源頭的時候得到一些暗示／提示。當人們醒著的時候，邏輯都會習慣性地叫靈魂住嘴，或是直接忽視靈魂所要傳遞的訊息，因為靈魂所傳遞的訊息往往是沒有根據的，這使得人類的邏輯很難被說服，但卻也因為過度用腦的緣故，使得身體與精力過度疲憊。由於靈魂在白天的時候習慣受到邏輯的打壓，所以也只能趁著睡眠時回到源頭。所以睡覺除了替身體充電之外，更重要的是幫助你白天解決不了的問題，以高我的層面去找到解決的方法或是釐清方向。但這並不表示你的靈魂只會在你睡覺的時候才給你暗示，大多數的情況是，因為即便靈魂在白天的時候不斷地給你提示，人們還是習慣性地仰賴自己的邏輯而排除高我所給的暗示。所以你可能會發現自己在睡覺的時候會做一些夢，有時候是似曾相識的感覺，有時候是與白天所做的事有點關係的事情，這些全都是你的靈魂給你暗示的方法。有些時候你甚至是一覺到天亮，什麼夢也沒有，但醒來的時候就覺得自己莫名地有些靈感、更有力量一點，也有足夠的精神去面對新的一天。

今天我以一個靈媒的身份與各位分享，人在白天的時候大多使用邏輯在忙著生活瑣事，而晚上自然成了靈魂工作的時刻。它大多會想要幫助你成長，而不是一直讓你的邏輯來支配你的人生，以及掌控你的情緒。你的靈魂會在睡覺的時候回到源頭充電，或是藉此讓你以更全方位的角度觀看人生，進而為你所面對的困境找到一點暗示與提醒。因此，均衡地有效分配身心靈是讓你的人生得到平衡的主要關鍵。

那麼多少的睡眠才叫做足夠的睡眠呢？有許多的科學實驗證明，人只要超過五天不睡覺就極有可能精神崩潰。對於靈魂來說，三跟五都是重要的數字。

就我個人的觀察，人們只要一天沒有睡好覺，就應該感覺得到自己的靈肉有點分離，如果這樣的狀況持續兩天，可能就會開始意識到自己的精神無法集中，到第三天的時候，幾乎就會到達飽和狀態，很可能會有食之無味的感覺。再持續到五天，靈魂基本上已經開始與肉體產生脱離，這也是使人瘋掉的主要原因。因為它已經超過了靈魂與身體可以負荷的極限。所以如果大家好奇一個人要睡多久才叫足夠的睡眠？拿一天二十四小時除以三，會得到八個小時的答案。但這個數字卻不是所有人的標準答案，而是因人而異的。很多人會懷疑這個意思是不是説一個人如果沒有達到八個小時的睡眠就容易瘋掉，靈魂與身體就無法做結合？並不是這樣的。人不一定要睡滿八個小時才可以讓自己的靈魂與身體完美地結合，一般在百分之二十五至三十五之間全都是合理的差距範圍，或多或少，因人而異。通常只要坐落在這個差距範圍之內，你的靈魂都是可以得到完全充電的。有些時候，人們可能像我一樣需要熬夜趕工，根本沒辦法有完整的八小時睡眠時間，但並不需要慌張，因為還有很多的方式可以滿足靈魂修復所需要的這八個小時。你可以下午小睡一覺把它補回來，又或者是連續趕工熬夜了幾天之後，透過好好地睡一覺把之前沒睡飽的給補回來。正如我曾提到五跟三對身體來說是重要的數字，你會發現每當自己熬夜個一兩天，似乎在第三天（或第五天）就會有補眠的行為發生。雖然有很多人覺得「補眠」這個行為是不合理的，但是以靈魂的角度來看卻是十分合理的。也就是在你的靈肉還沒有完全分離的狀態下，透過間斷或是長時間的睡眠來修復靈魂與身體的連結度。

除了睡覺之外，你還可以做很多事情來取代靈魂修復，有些人會靜坐或是冥想，有些可能是透過瑜伽或是任何靜心的運動來達到那樣的效果。基本上，當人們願意多花一些時間與自己相處（任何只要是為自己創造一個空間或是時間做一些可以讓靈魂好好休息的事），都可以讓你的靈魂與自己的身體重新連結。而這些行為雖然不是睡覺，但都可以歸納為你的休息／睡眠時間。

所以，千萬不要因為自己晚上睡眠不足就焦慮，你可以透過很多靜心的動作來補足靈魂所需的三分之一的時間。很多人會在年初的時候訂立自己要運動減肥的新年新計劃，如果真心想要減肥的話，睡覺就更加地重要。因為在睡眠不足的狀態下，靈魂與身體會產生脫節，這個時候你的味覺與感官也會相對地變得遲頓，很可能會隨著睡眠不足而食不知味、嘴饞，又或者怎麼吃都吃不飽。很多人覺得自己熬夜個三天也沒有感覺，但其實不是沒有感覺，而是你不斷地說服自己睡眠一點都不重要，你已經習慣了那種鈍化的感官。睡眠時間不夠，靈魂與身體的距離自然會拉遠。你應該會注意到當自己睡眠不足時，別人在觸碰你的時候會有種感受不到、感官對不上的感覺，又或者是吃飯的時候會感覺不知道自己在吃什麼，這全都是身體與靈魂並沒有完全連結所產生的斷層感。隨著時間愈久，你的理智、情緒，抑或是各層面的影響範圍會愈來愈廣，可能會導致你嘴饞、暴飲暴食，又或者是無法集中注意力思考等等。

其實我們的身體和心都是靠靈魂來掌控的，就正如輪迴投胎是為了完成靈魂的功課一樣，因為身體若是失去了靈魂就等同於死亡。也就是說，你的靈魂必須與身體做連結之後，感官才會變得比較精準與敏銳，在邏輯思考上也會變得較為清晰。對於習慣熬夜的人來說，一旦你慢慢地把靈魂所需要的休息時間補回來的時候，你也會開始感覺自己的感官變得敏感，而且比較能夠與高我連結，也比較不容易莫名奇妙地嘴饞喔。

其實身、心、靈只要任何一方感到匱乏，自然而然地會有渴求（**Craving**）。不管你渴求的是什麼，你的身體都會習慣性地去找相等的物質來填滿。因此你會發現，當你心靈匱乏的時候會想要找東西來吃。一旦心靈得到滿足，你的身體就沒有透過食物來填滿的必要。這也是為什麼如果大家想要減肥的話，要做的第一件事就是先讓自己得到充足的休息。這不代表需要不間斷地睡滿八個小時，你也可以透過生活中的小事來補足這樣的時間，可能是睡個午覺，也可以是做一些讓自己的靈魂得到平靜的事情，花一點時間與自己獨處也可以列入你的睡眠休息時間裡頭。一旦人們有充足的睡眠時間，靈魂就可以得到充電，也可以讓你感到格外地有精力，原本理不清的事也可能比較有明確的方向。反映在身體上面，則會讓你不容易感到飢餓而有暴飲暴食的傾向，反映在心靈上面，則會讓你比較有平穩的情緒而不會總是處於焦慮的狀態。這看似什麼事都沒做的睡眠時間，其實可以讓你的靈魂與自己的身體連結、回到源頭去充電，藉此得到一些人生的小道消息或是暗示，也可以幫助你在難關裡找到一些頭緒。所以如果想要擁有良好品質的睡眠，那麼就學著先放下腦子裡的擔憂，信任靈魂會為自己找到答案。既然這輩子是為了讓靈魂成為一個更強大的存在，那麼在自己的腦子打結想不出個結果的同時，信任自己的靈魂會在修復的期間為自己找到方向，那麼等你明天醒來的時候，就可以更有勇氣地面對生命的種種挑戰。對生命有足夠的信任，自然可以在同時間提高自己的睡眠品質，讓身心靈可以得到最佳的平衡喔。

你長大以後想要做什麼？

・對應頻道187集・

我相信每個人小時候一定都被問過「你長大以後要做什麼？」老一輩的人覺得透過這樣的問題可以更了解你，也可以藉由你的回答來幫忙鋪陳你的未來，以及給予你建議。但是我們卻沒有發現這個問題也限制了被問者的未來。之所以會提到這個話題是因為老公跟我說，他看到一段影片，裡頭有位科技達人提到在未來的二十五年左右，將會出現許多從來沒有聽過的職業，也會有許多的工作被**AI**所取代。屆時，我們就可以將人的本能運用在適合的地方，也就是比較人性化的工作。

當老公跟我提到這個話題時，我覺得其實不用到二十五年後才可以看到結果，只需要往前推個二十五年就已經看得到那樣的傾向。相信在我那個時代生活過的人一定特別有感：小時候人家問我以後長大想要做什麼的時候，我的腦子裡根本沒有「視覺設計」這個行業。在我那個年代，想要設計名片或是廣告看板會請印刷廠的師父，想要設計企業形象會請廣告公司幫忙，當時根本沒有專門設計視覺的設計師可以幫你統籌一切。在我很小的時候，也並不是每個人家裡都有一台電腦，或是人手一支智慧型手機，像電腦這種奢侈品一般只會出現在學校、公司和政府機關。即便電腦在我剛出社會時開始普及，它的功能也十分有限，那個時候的網際網路還需要透過撥接，更別說電腦是民生必需品了。所以當人們問我長大以後要做什麼的時候，我根本不可能想到自己未來的行業竟然會與電腦息息相關，更不可能說出「視覺設計師」這個職業。我只能依照印象裡僅有的職業選項，選擇一個自己比較有可能發展的方向。

也就是說，當我們小時候被問到長大以後要做什麼時，我們會從記憶中勉強擠出一個可以應付這個問題的答案。但隨著我們不斷地重複相同的答案，這個當初用來應付他人的職業，慢慢成了我們在對未來迷惘不知道方向的時候可以努力的唯一目標。而我們之所以會有這樣的行為，是因為我們想要藉由尋找一個職業來幫助自己釐清未來的方向，以及融入一個社區或族群，彷彿回答不出這個問題就無法對自己的人生有所交待。在我們的腦子對未來一片空白的狀況下，師長們也會不斷地建議我們應該朝著哪一個方向努力，想辦法幫助替我們的未來奠定一個方向。此外，有許多的大人覺得不管小孩的回答是什麼都很可愛有趣。但是父母娛樂的表情在一些小孩子的眼裡看來卻像是不認同自己回答的反應。說真的，有誰長大之後是真的在做小時候回答的職業？很多小孩子的回答往往都只是為了讓父母長輩開心。若是不把小孩子的回答當作一回事的父母也就算了，但是有些父母會因為小孩子的回答而硬是想要改變他們的答案，又或者是將自己的期望加諸在孩子們身上，希望他們在特定的領域嶄露頭角。這使得許多人以為自己一生就應該朝著這個特定的方向努力，但是等到投資了幾十年的心力後卻發現這個行業一點都不適合自己。明明是自己從小到大的志願，為什麼做起來一點都不如想像中得心應手。

父母為了讓小孩的未來有良好的發展，總是會想盡辦法教育子女們朝著他們心目中「成功」的方向努力。這乍聽之下似乎沒有錯，但若是在那個行業還沒有被創造出來的情況下被問到長大以後要做什麼，被問話的人是否會感到格外地困惑？是否也會為了滿足周遭的期待，而選擇一個會讓師長滿意的回答呢？有時候不只是外在對我們的期待，當我們被問到這個問題時，自己也會對未來有所期待。但是當自己怎麼做都做不好的時候，難道不會暗自質疑自己的價值？我發現許多人在追求未來時，常常會因為事情做不好而貶低自己，要不就是在不斷地轉換工作之間感到更加地迷惘。小時候大家都覺得得要立訂一個未來的目標才會有前進的動力，但為什麼成年之後，怎麼努力都到達不了的目標成了我們自我批判的主要原因？在我們迫切地想要將自己歸類到某一個族群的情況下，我們反而更加地迷失了自己。

我們常常忘了自己身處在多元發展的社會。雖然大家都說學有專精，但就是有些人沒有辦法只專注做一件事，反而需要多方面地接觸才有辦法真正的開發潛能。曾經有人不能理解身為靈媒的我為什麼也可以是個視覺設計師？但是現在的社會，斜槓幾乎成了主流，我相信很多人也像我一樣是需要多元化發展的，即便喜歡的事物南轅北轍，卻更能夠激發我們的興趣。因為在各方面一點一滴進步的同時，我們也會慢慢地找到整合一切的方法，只是不一定會知道自己未來想要做什麼，因為那個職業很可能還沒有被創造出來。就好比二十年前，根本沒有人聽過什麼是 **Youtuber** 或是 **Influencer**（網路紅人，也就是在社群媒體上有影響力的人）一樣，這些職業全都是近年才被創造出來的。就連它一開始發展的時候，大家也都只是聳聳肩地問：這可以當飯吃嗎？

今天這篇文章特別討論這個問題，是希望當別人問你未來要做什麼，而你在當下完全沒有任何的想法，卻因為無法滿足別人的期待而貶低自我價值的時候，不如換個角度想想，或許你未來想要做的工作目前還沒有被創造出來。但這並不是各位可以盡情擺爛的藉口，而是既然你未來的職業還沒有被創造出來，那麼就讓自己想辦法去開發與創造出來。這個社會沒有辦法告訴你未來可以做什麼，又或者不能做什麼，所以我覺得最好的方法是透過不斷地探索與實驗，多方面地涉略與學習，用自己的力量創造出自己喜愛的職業。就如同是多潛能者一樣，你的未來職業很可能是十八般武藝集於一身，也可能是南轅北轍的興趣所交集而成的職業，它或許不是一般學術專精的人所能想像出來的行業，但卻是你清清楚楚地知道自己喜歡做的事。只有你知道什麼事可以讓你熱血沸騰、廢寢忘食，當你對某件事產生興趣，不要只是拿來消磨時間，而是讓自己累積足夠的經歷讓它可以成為你未來的職業。那麼即便現在這個職業不存在，也並不表示未來不會存在。重要的是，相信自己可以，那麼創造未來就全都掌控在你自己的手裡喔。

尋找生命中的熱情

・對應頻道 177 集・

相信各位在坊間的勵志書籍或是影音頻道上一定不難看到這類的話：「如果你們找到生命中的熱情，那麼你的人生就一定會成功。」

不知道大家像不像我二十幾歲的時候，覺得這真是絕佳的勵志名言。我們可以趁年輕的時候拋下一切，勇敢地去做自己喜歡做的事，好讓未來的自己可以每天迫不及待地想要起床，或是晚上都捨不得睡覺地做自己喜歡的事。這聽起來雖然是個很棒也挺誘人的主意，但各位有沒有發現在執行上是有困難度的。

因為我們從小到大在習慣性批判的環境下長大，這樣的環境讓我們很難找到自己的熱情，又或者是就算找到也很容易被周遭的人潑冷水。我之前就曾經笑說這個世界上永遠都不會缺乏可以讓我們抱怨的事。在我們不喜歡這個工作／老板／同事／男朋友／家人的情況下，要找到自己的熱情真的有點困難。就算此刻正在做自己喜歡做的事，也無法讓自己跳脫這樣的大環境。

多年來，常有人因為不知道自己生命中的熱情是什麼、喜歡什麼來找我諮詢。我相信這樣的人很多，因為真的只有少部份的人是好像一出生就知道自己要做什麼，大部份的人都是在做了之後才發現自己其實並沒有那麼喜歡。也因為這樣的經驗，讓我們在面對人生，特別是在工作的時候常常容易躊躇，因為工作往往連帶許多的現實考量，可能是有房貸要付，或是有妻小長輩要養等等。也正因為有現實經濟的考量，所以讓人遲遲沒有辦法放下「明知道討厭又讓你產生憂鬱的工作」，去做自己喜歡的事。於是乎，人們覺得自己被困在沒有辦法做任何改變的環境裡，只好透過抱怨來抒發內心的不滿，但也因為這種心態而讓自己每天回到家後都覺得好累，非但不能與家人相處之外，可能也錯過了小孩子的成長。

我曾經也只會抱怨自己的靈媒體質，抱怨為什麼不能像其他人一樣，但今天我想分享的是：抱怨的事物不會因為時間的流逝而消失，不管你抱怨多少，你永遠都會讓自己身處在相同的環境。你可以抱怨自己有多麼地討厭現在的工作，但若你沒有選擇做出任何改變，你五年之後還是會繼續做著討厭的工作。那麼我的抱怨是從什麼時候開始有所轉變呢？就是當我發現一味地抱怨並沒有改變我的生活的時候，我開始渴望改變，並著手去促使那樣的改變發生。大家都知道負面能量有多麼地消耗能量吧？與其不斷地告訴自己有多麼地不喜歡現況，我開始決定問自己不一樣的問題，那就是即便現在的工作並不是我喜歡的，但我之所以一直做下去，代表當中一定有我喜歡的理由存在。當你開始轉念問自己不一樣的問題的時候，宇宙自然就會給你答案。記住：不是單純地抱怨，而是真心地想要知道答案，這也讓我慢慢地察覺到自己喜歡與人們分享。所以與其像以前一樣一直專注在自己不喜歡的事情上，我開始轉念**將重心放在自己喜歡的事情上，再慢慢地從生活中做調整，進而將自己原本不喜歡的事慢慢地轉換成喜歡的事**。這個過程雖然花了點時間，但正因為轉念，開始問自己不一樣的問題，於是我慢慢地找到自己想要的答案。

所以我要說的是，你對生命的熱情不會馬上就出現在你的面前，可能需要你透過不一樣的嘗試才能找到。這是因為我們的環境教育我們習慣性地批評自己，以及抱怨身旁的種種不順遂，導致我們需要抽絲剝繭地來尋找自己的熱情。也因為種種的顧忌以及對未來的不信任感，使得我們在面對人生的抉擇時，很難放手一搏、大膽嘗試，因為我們害怕結果並不是我們真心想要的，又或者是擔心嘗試之後還是找不到該怎麼辦。所以如果大家問我該如何找到生命中的熱情，我會建議各位如果你有現實的考量的話，那麼就利用閒餘的時間去尋找自己的熱情吧。千萬不要把自己累到連閒暇時間都沒有，而是把尋找熱情當作是你人生中絕對要找到答案的問題來看待。如果你已經很清楚地知道自己的熱情是什麼，那麼我會建議各位放手一搏。但必須全心全意地投注在這件事上，想辦法為它找到出口以及它可以發展的路。如果這件事真的是你的熱情的話，你比較容易成功的原因是：一，你不會害怕失敗。二，你會不計代價地對其投注所有的心力。但若是你不知道是不是，也不知道從何開始的話，那就暫時把任何你有興趣的事都當作休閒喜好來看待。與其每天花很多的心力抱怨你不喜歡的事情，倒不如把時間投資在你喜歡的事情上，不管它是不是真的是你的熱情所在，我相信你都可以透過不斷地探索，愈來愈接近你想要的路。

探索是需要多方面嘗試的，與其急著標示自己喜歡什麼或不喜歡什麼，不如將它轉換成一個宇宙可以回答的問題：「我喜歡的究竟是什麼？有什麼東西是我喜歡的？」一旦你找到一樣你喜歡的東西，你可以再問自己為什麼喜歡它？在做這件事的時候帶給你什麼樣的感覺？唯有你願意更深層地挖掘，你才有辦法找到答案。與其抱怨，倒不如去開發所有自己從來沒有做過的事，嘗試自己沒有走過的路，愈是讓自己的方向多元，你才會愈快找到答案。你必須像是自己的心理醫生一樣，不斷地深度探索來幫助自己找到答案。唯有當你找到答案，你才可以替自己的未來奠下基礎，更清楚地知道未來你想要的生活究竟是什麼，以及想要成為什麼樣的人。

尋找自己的熱情的過程就如同嬰兒學爬行一樣，找到自己的興趣後所做的開發就如同學走路一樣。在還沒有練穩自己的肌肉之前，難免會跌跌撞撞。如果人們問我什麼時候可以放手離開自己不喜歡的工作的話，我會建議等到稍有肌肉，也就是你的興趣開始可以負擔你的生活基本需求的時候。這個時候的你可以再來決定自己是否要全心全意地投入在自己的興趣之上。當一個人找到熱情的時候，他會願意投資更多的時間與精力在自己的身上和未來。與其將時間精力浪費在抱怨，倒不如把它拿來投資自己，好好地去思考如何可以讓自己變得更好，成為自己想要的樣子，發展出自己想要的未來。如果各位還是不知道該如何起頭的話，那我會建議各位從每天花個一兩個小時的時間，做一些自己喜歡的事情開始吧。你會透過這樣的舉動慢慢地找到自己，等找到自己之後，你的熱情會愈來愈明顯，慢慢地為你的未來擴展出更好的方向。因為只要是做自己喜歡的事，就會有堅持下去的動力喔。

Chapter

3

身體、心靈與情緒

聲明與提醒：如有任何身心上的疾病，極力建議各位尋求專業醫師協助，我在任何直播裡、書籍中所分享的醫療相關內容單純是我多年諮詢下來的觀察，只適合做為輔助參考，不適合取代正規醫療。

精神分裂症與人格分裂症

・對應頻道160集・

我是一個喜歡透過觀察與研究，試著在不同的案例中找到相同模式來了解是什麼原因導致這樣的結果發生，這才有辦法鑽研出解決的方法。感謝網路資訊的發達，讓我除了手上的實際客戶之外，還可以透過網路上的案例做個別觀察研究。其實從我開始諮詢，我大概遇到五名精神分裂的客戶（到**2022**年為止則約莫三十名左右）。這五名客戶都被正規醫療宣判患有精神分裂，而在實際的觀察後，我發現其中有幾名還帶有人格分裂的差別。

從我的觀察來看，「人格分裂」的人通常會在不一樣的時間點出現不一樣的人格，可能是大人、小孩，或是女人／男人，但是無論是什麼人格出現，他們都有一個相似點，就是他的「主體觀念」其實都是很重的。所謂的「主體觀念」就是這個人對於「我」的認知，無論他是男人、女人還是小孩，他都清楚且明確地表示自己是個人。而且不管你跟任何一個人格說話，你都會感覺到他鮮明的個性以及強烈的存在感。在這樣的情況下，我通常會把這類的客戶歸類為人格分裂。最主要的原因是因為當我在探索客戶的每一個人格的時候，這些人格都可以從他前世的記憶裡被搜尋到。也就是說這些靈魂或許對我們來說是陌生又不存在的，但他們卻都存在於這個客戶靈魂資料庫裡，也就是他前世記憶裡的某一個身份。只不過在這輩子裡面可能遇到了某種困境，使得靈魂相信自己沒有解決與處理的辦法，於是便從自己的記憶庫裡尋找過去有能力解決這個問題的角色，進而讓自己在當下化身成為那個角色去面對這輩子所逃避的問題。這就是這些客戶雖然全被宣判患有精神分裂，但是對我來說卻有著明顯的不同的原因。因為他們並不是任由其它的靈魂來掌控他們的行為模式與思考邏輯，而是調出他們前世的記憶與身份來幫助他們處理現有的問題。要分辨精神分裂與人格人裂的不同，最簡單的差異判別就是人格分裂患者在表達上有很明顯的主體觀念，不管是由哪一個人格來佔據他的身體，他的句子裡總是可以清楚地捉到「我」的個人意識。也正由於「我」的存在感極重，所以可以讓人清楚地分辨這是「人格分裂」，而不是「精神分裂」。

再來談到「精神分裂」。在英文裡面「精神分裂」叫做 **schizophrenia**，它最大不一樣的地方就是它所表現出來的人格不一定能在客戶的靈魂記憶庫裡找到，但往往發聲的個體都可以在客戶的身旁看得到。這個意思就是說，他此刻所表現出來的人格其實並不存在他的靈魂資料庫裡，客戶反倒像是被人操控的木偶，他的行為表現會依照操控者的不同而有所差別。如果今天對方是個巫師，那麼客戶的行為就會對應巫師的個性，如果是個動物，那麼他在行為上很可能也會有該動物的行徑，說穿了，其實就像是人們認知裡所認為的附身一樣，「被操控」的感覺是非常強烈的。在這樣的情況下，我會將客戶歸類為 **Schizophrenia**，也就是所謂的「精神分裂」。這並不表示他們的精神真的分裂了，而是代表著他們可能剛好步入人生低潮，導致他們開啟了某種頻道去接收外來的訊息，而誤以為這個訊息是自己的，抑或是自己必須去遵從的。

感謝網路上願意公開分享的種種案例，讓我得以在統稱「精神分裂」的案例裡面分劃出 **Schizophrenia** 與 **multiple personalities** 的差別。「人格分裂」的患者多半有很強烈的主體感，而「精神分裂」的患者則大多沒有，抑或是即便有，也沒有從一而終的連貫性。如果各位可以了解這兩者的差別，那麼兩者之間的共同點則是：兩種精神疾病裡都存在著過度膽小又害怕的靈魂。由於不相信自己可以面對以及處理眼前的問題，所以才會潛意識呼喚出前世的記憶，讓過去有能力的身份來取代現有的人格，並現身處理那樣的問題。可能是害怕對自己的人生負責、與人對質，又或者是去面對種種的情緒……。反正不管他們所害怕的人事物究竟是什麼，那全都是他這輩子的主個體不想也不敢面對的，這才會導致他從自己過去的記憶裡找尋最適合的對象來取代自己。也正因為每一個人格都是「自己」，所以他們的主體感都非常重。

這在「精神分裂」患者身上也是相同的狀況。他們害怕去面對這個社會，害怕去承擔所有的責任、情緒，或是任何的互動，在這樣的情況下，與其從自己的資料庫裡找到適合解決問題的身份，他們會傾向招喚身旁的任何靈魂來幫助他們解決這個問題。這也是為什麼他們的行為顯得比較雜亂無章，有時候甚至會出現一些動物的行為，因為這完全取決於他們所招喚的靈魂是什麼的緣故，不但少了人格分裂患者裡那種強烈的主體感，反而還讓自己像是個傀儡似的，任由他們所招喚來的靈體操控。

為什麼會有這樣的情況產生呢？當一個人受到家庭背景或是環境因素影響，導致他們沒有勇氣去面對這個社會、害怕對自己負責的時候，他們很可能就會期望有人可以幫他們活出他們想要的生活，而將自己的力量完全地交付給他人。讓我拿一個最簡單的例子來解釋。我有一個朋友的小孩看得到鬼，但在全家人都看不到的情況下，自然會覺得這個小孩所說的每一件事都像是在說謊。而對那個只有五歲的小孩來說，在家人不相信她，而自己對眼前的鬼不了解又恐懼的情況下，她自然會因為不知道該如何應對而選擇聽信鬼跟她說的話（像是：如果你不照著我的話做，我就會殺了你的全家），而做出許多詭異又不尋常的舉動。因為這樣的行為舉動，家人們開始擔心她的心理健康。直到他們帶著小孩來向我尋求解決方法，小孩這才發現原來自己在面對鬼的時候並不需要恐懼，而是有解決方法的。也因為知道該如何應對，而慢慢地找回了自己可以處理事情的自信，漸漸地改掉一直以來在家人面前的無厘頭行為。而所謂的「精神分裂」可能就是列入上述的狀況，也就是如果先前怪異的行為並沒有得到正面處理的話，那麼久而久之很可能這位小孩就會被歸類為「精神分裂」。但她並不是真的有「精神分裂」，只不過是在面對較為惡勢力的鬼時，因為恐懼與害怕，又沒有任何人引導的情況下才會出現脫序的行為，久而久之連她自己也被說服那樣的行為才是自己。

所以容我再強調一次，「精神分裂」跟「人格分裂」最明顯的差異在於「人格分裂」有強烈的主體感，而「精神分裂」通常沒有。相同處則是兩者都擁有非常害怕以及膽小的靈魂。因為他們並不確定自己是不是能夠面對這個社會，也不知道自己是否有能力處理現在所面臨的問題。無論是在心理上或是身體上，他們都不相信自己，所以才會召喚出前世資料，或是無論好壞的外來靈體來幫助自己。

其實這兩種疾病都是有解決方法的（在此感謝願意與我配合的父母們）。因為「精神分裂」與「人格分裂」都需要長時間的耐心與精力去慢慢克服。至於如何克服呢？你所要做的就是把他內在那個一直躲藏的內在小孩拉出來，並想辦法讓他變得更有自信一點。假設是個人格分裂患者，在所有的人格都是他的情況下，你要做的可能不是要把他叫出來，而是讓他認知到無論是哪一個人格，其實都只是他的一小部份而已。這些人格的特質其實靈魂本身就已經擁有了，並沒有必要依賴他人。你可以讓他們相信自己其實是有能力面對任何的問題，而不需要讓任何人掌控他的人生。通常當主意識開始慢慢地變得有信心，覺得自己可以的時候，那麼其他被叫喚出來的人格也會相對地變得不那麼地明顯。更有可能跟主人格慢慢地融合成為一個完整的個體。就好比霸道人格的人與膽小主意識人格得到平衡之後，會得到一個雖可能還是有點膽小，但同時會變得比較有勇氣的人格。一旦兩個人格產生連結，那麼過去的人格就沒有再被喚出的必要，而且比較有可能跟主體人格開始融為一體。

在面對精神分裂患者的時候也是同樣的道理。你可以讓他們知道人們的人生可以由他們來決定該怎麼走，而不是透過另一個靈魂來掌控他們的生活。試想自己領養一隻曾經受到虐待的小動物時會選擇用什麼樣的態度面對牠，這跟我們面對那些精神分裂或是人格分裂的患者是同樣的心態。他們的膽怯與害怕是導致他們一開始選擇隱藏自己主意識人格的主要原因。也正因如此，所以才更需要時間與耐心，慢慢地讓他們感受到自己的力量，而不是一味地用批評的眼光和指責的口氣來試圖糾正他們。記好，這些靈體並不算是魔的存在，主要是因為他們顯少有與魔相同的劣根性。通常這些靈體是因為有人呼喚才會出現，多半是因為主意識個體在現實生活裡面尋求支援卻得不到幫助時，那麼這些靈體才會跟著出現，這也是為什麼這些靈體在說話時總是帶著一種我是來幫他（主意識體）的姿態。

你們要做的是讓主意識個體相信自己的力量，那麼他們就會慢慢地因為有信心而改善自己的行為。由於這種無能為力感通常都累積好一段時間才會顯化成人們所見到的精神分裂或是人格分裂，所以改善這個症狀也需要相對的時間以及家人和朋友們的耐心。當隱藏的主意識人格開始浮現的時候，你們就會在他們的身上看到明顯的行為改善喔。當然，有人會問該用心理治療還是服用藥物，我個人覺得心理治療在這方面可能會比較有效。但有些長期被忽視的患者，由於所接收的訊息量過大、時間拖得過長，在這樣的情況下，可能可以先透過藥物來遲緩他們的感官，但在治本上還是建議同時接受心理治療。記得，之所以會引發這樣的疾病大多來自於靈魂對自己的膽怯以及不信任感，所以最好還是從最根本的問題下手喔。給大家參考看看。

自閉症

比起我所接觸過的「精神分裂」或「人格分裂」患者，「自閉症」患者的比例是相對高的。歷年來年紀最小的自閉症客戶大約是兩歲左右。雖然還不太能夠說話，但她的父母已經可以從她的日常生活行為來判斷她有自閉症傾向，並得到醫生的診斷證明。而年紀最大的是完全成年，已經五、六十歲，但還需要由家人來照顧的人。在進入自閉症的話題以前，先讓我們重溫一下之前討論過的恐懼症（**Phobia**）導因。我曾經提到有些人天生就是懼高、怕水，在沒有輔助記憶的情況下對某些事物產生恐懼，這大多是因為他們的前世記憶裡有因為某種元素導致直接死亡的結果。這個記憶因為對靈魂產生極大的創傷，致使人們將當下所產生的恐懼直接轉移至導致他們死亡的物品之上。這也是為什麼曾經被水淹死的人這輩子會很怕水，從懸崖摔下來的人這輩子會很怕高，在毒氣室裡死亡的人很害怕化學異味。所以總結來說，這輩子有莫名的恐懼大多是因為上輩子曾經因為某件事物而造成直接的死亡，才會造成這輩子對這些事物有所恐懼。

那麼自閉的產生是否也是同樣的道理呢？其實多年的觀察下來，我發現自閉症的產生並不一定與上輩子的死因有任何相對應的關係。舉例來說，我有一個客戶，到五、六歲都還不能開口說話，除了家人以外，她不敢靠近任何人群。在追溯她的記憶時，我發現她這樣的行為源自於文革時期，因為過度地發表自己的意見而被列為反叛份子，之後就一直被囚禁在地牢裡。在她記憶裡的地牢又黑又濕，晚上還聽得到外面槍火的聲音。我向她的父母求證後發現小女孩一到晚上就無法入睡，恐懼又黑又濕的地方，討厭小蟲子……。這些全都源自於她靈魂的記憶。那輩子的她並沒有因為被關進地牢而死亡，而是因為長期處在這樣的環境中，養成她僅有的也唯一知道的習慣——要噤聲、不能開口說話。因為說話而被抓，因為長期待在濕冷的地牢而導致全身潰爛，因為發臭的肌膚而引來蟲咬……，導致她這輩子也理所當然地延續那樣子的習慣與恐懼。這些東西在那輩子雖然沒有造成她直接死亡，但卻對她的精神產生嚴重的創傷，甚至讓她覺得生不如死。所以即便這輩子她身處在一個正常的環境底下，她還是會覺得受到壓迫，害怕自己一旦說錯什麼話就會被處罰。

另外還有一個十八歲的患者，他的習慣是每進到一個家裡，不管是自己、朋友還是陌生人的家裡，他都必須打開所有的櫥櫃檢查一次之後才可以放心地坐下來。他的家人一直都不理解他究竟在找什麼，他自己也解釋不出來，只知道如果他不這麼做，就會焦慮到坐立不安，嚴重一點甚至會情緒崩潰。他的父母說他小時候只是會一直去開抽屜，但隨著年紀愈大，他的狀況就愈發地嚴重。這期間雖然找過很多的心理醫生，但都沒有太大的成效。在檢閱這個人的記憶時，我發現這個客戶的前世是個類似軍隊情報員的身份，但有一次好像是因為自己的粗心大意，使得他們的情報被敵軍竊聽，最終導致全軍覆沒。雖然這件事並沒有造成他直接死亡，但是他把全軍覆沒這件事全都歸咎在自己身上，認為是因為自己的大意才造成那樣的結果。所以我請父母停止詢問他在找什麼，改問他是否害怕有人竊聽時，當下便從那個男孩的表情得到明顯的答案。

當然，分享了以上的案例，很多人會認為只有靈媒才看得到原因，才有辦法去處理這種從前世殘留下來的記憶，但我並不這麼認為。其實對自閉症患者來說，如果你可以學著記錄下他們所有的異常行為模式，那麼你就可以大概地推算出他們是受到什麼壓迫才會導致現在的行為。若是記錄下這些行為還是沒有辦法幫助你推算患者是受到什麼因素壓迫才會產生現有的行為，那麼你可以在這個時候讓自己循序漸進地引導他找出他真正的恐懼究竟是什麼。以上述的例子來說，你可以先問他在找什麼，進而問他在怕什麼，他們覺得會發生在他們身上最糟的事是什麼。通常他們最害怕的東西多半是造成他們產生自閉症的主要原因。如客戶害怕被竊聽，這表示他一定是因為「竊聽」這件事而遭受過什麼樣的重創。這不一定跟他們自身的死亡有直接的關係，也可能是因為自己的行為導致於他人受傷，進而對自己造成極大的精神或是心理上的創傷。這個情況其實就像是之前提到的「精神分裂」與「人格分裂」患者一樣：都有一個膽小、不相信自己可以面對這一輩子的功課的靈魂，才會導致他們去呼喚自己前世的身份或是周遭的靈魂來取代他們的主人格，期望可以藉此幫助他們解決問題。同樣地，自閉症患者往往有一個長期受到某種元素壓迫而改變自身行為模式的原因。只不過他們與上述的精神患者比較不一樣的是，自閉症患者其實不是因為害怕恐懼而選擇躲起來，而是處在那個情境下的他們不知道該怎麼突破而感到無能為力或是害怕。也因為不知道該如何著手改變，才會導致他們任由前世的創傷來主導他們這輩子的行為。

所以說，我們每一個人體內都有個對新事物會感到害怕以及膽怯的靈魂，只是依照輕重程度，每個人所呈現出來的狀況會不一樣。雖然現代社會總是急著替所有異常的行為貼上標籤，但單就一個靈媒的視角來看，我覺得所有的疾病其實都是有跡可循的。當然，有很多人會問我：「在面對一個沒有口語表達能力的小孩，是不是就沒有機會可以找到他們受創的原因呢？」我想在這裡舉一個很簡單的例子：想像我們去動物之家領養了一隻曾經受到創傷的狗，領養中心不一定能夠很確切地告訴你這隻狗之前遭受到什麼樣的創傷，但大多數的人卻可以透過觀察得知自己所領養的狗到底在怕什麼。今天你不會因為這隻狗害怕什麼而從此不讓他接觸，而是耐心地教導牠慢慢地對這樣事物產生信心，重新建立信任感，讓牠不再為了過去的事件而與人產生距離，進而慢慢地將牠帶回到人群之中。其實在面對沒有語言能力的自閉症小孩，你的舉動跟領養一隻曾經受過創傷的狗是一樣的。

不管是在面對什麼樣的疾病，其實家人們的耐心才是最重要的，而不是將所有的寄託放在一個靈媒的身上。你們的付出與耐心才是真正能夠影響自閉症患者的重要關鍵。當然，也有很多人好奇自閉症患者究竟有什麼樣的功課？就如同我之前曾經說過，只要人與人之間產生互動，那麼就絕對是彼此雙方的功課。今天這個自閉症患者為什麼會成為你的小孩或是朋友，相信這不會單單是他的功課，也會是與之互動的你的功課。通常在互動之中，雙方都可以得到成長與領悟，可能是單純地接受與被接受，愛與被愛，又或者是彼此都要學習的耐心。靈魂的功課會因人而異，而不是因為對方患有自閉症，彼此都是一樣要做功課的喔。

所以在這裡做個總結。如果你不知道是什麼原因導致你的孩子有自閉症，這大多與他前世受過某種長期的虐待與創傷有關。這個創傷並不是造成他直接的死亡，只不過長期的精神（或是心理）創傷導致他們的行為嚴重地脫序。若是想要進一步了解他們受到什麼創傷，最好的方式就是記錄他們種種脫序異常的行為，通常依照這些記錄就可以讓你有個大概的了解。若是還想要深入了解的話，那麼就讓自己扮演一個心理醫生的角色，不要急著糾正他的行為，而是去了解他之所以這麼做背後的動機和恐懼是什麼，進而幫助他們找到解決的方法。就像是領養的動物或是小孩一樣，即便在語言無法溝通的情況下，你也可以透過耐心地觀察，慢慢地理解他們之前所受過的創傷，進而可以針對他們的創傷來調整自己對待他們的方式。不要因為他們的外在行為而限制自己與他們溝通的方式，而是以成熟的態度與他們的靈魂溝通，試著與他們的靈魂達成共識，進而改善他們外在的行為。一旦他們的靈魂可以感受到安全感的時候，他們的外在行為通常也會因此改善。但這都是需要時間與耐心才能達到的結果。光拿我的兒子怕水這件事來說好了，就花了我整整九年的時間才有辦法改善他對水的恐懼。我希望這可以讓有心的父母們知道自己大概需要花多少的時間才可以改善孩子自閉症的情況，並藉此調整自己對待他們的方式，去安撫他們曾經受創的靈魂。

比精神分裂或是人格分裂患者好一點的是，自閉症患者的個體觀念還是挺重的，他們多半還是相信自己的存在，只是不知道該用什麼樣的方法與心態來面對他們一直恐懼害怕的事。所以你所需要做的，是重新建立他們處理以及面對事情的信心，教導他們如何克服那樣的障礙。如何讓一個曾經受創的靈魂可以安心地在這個家裡生活並重新開創一個人生，這是我會建議各位去思考的方向。找到對的方向之後開始著手，通常可以在六個月到一年左右的時間慢慢地看到改善喔。而他們的年紀通常也會影響改善的速度，我發現愈年輕的小孩的改變速度會相對較快，而年紀愈大的人由於在這輩子裡已經延續相同習慣好一段時間，所以自然需要更多的時間才看得到改變。給大家參考看看。

如何消除憂鬱的重量？

・對應頻道 173 集・

在直播的時候，有人問我要如何消除憂鬱的感覺，因為他們已經厭倦陷在無限循環的憂鬱裡走不出來的日子。也許很多人會覺得自己離憂鬱很遠，但其實憂鬱問題遠比大家想像地普遍。就拿我女兒來當例子，大部份的青少年總是有很多的意見，也老覺得別人在佔用他們的時間。只要稍微建議他們做什麼事情，他們總是會第一時間拒絕你，覺得做那樣的事情會影響他們正常的生活步調，又或者是用比較負面的方法去看待你所要求的這件事。即便有些時候身為旁觀者的你可以用更客觀的角度看待事情，但他們卻很容易陷在自己的思維框架裡走不出來。所以我就建議她去看我的文章〈表達自己與意見很多的不同〉，但是她覺得青少年本來就有意見很多的權利。我雖然不否認她的說法，但我覺得意見若是對周遭沒有任何貢獻的話，那麼表達的意義在哪？可是她卻覺得青少年把自己的情緒丟出去是天經地義的事，因為還年輕，所以根本不需要思考自己對社會有沒有貢獻，只要不影響其他人就夠了。但我卻覺得這並非不會影響到其他人，而是人們在溫水煮青蛙的情況下，往往等到發現自己被影響時就已經太晚了。然而我的女兒卻回答：「只要它現在不影響現在的我就夠了」。可是我覺得人們若是可以為自己的言行舉止保有覺知的態度，那麼日後就不會等到壞習慣已經養成再來學著改變，而讓自己痛不欲生吧？

這個例子看似跟消除憂鬱一點關係都沒有，但其實兩者之間有很大的關聯，那就是我們很常允許一點一滴的負面能量在生活中累積，等到自己察覺時才發現為時已晚。在很久以前，我就曾經提到「覺知」是很重要的一件事。因為在沒有覺知的狀態下，人們不會為自己的言行舉止負責，也可能像我女兒這樣，覺得她只是發洩自己的負面情緒，不會影響到任何人。但是既然你不是深受其害的人，又怎麼會知道你所發洩出來的情緒對旁人沒有任何的影響呢？他們很可能只是沒有告訴你，卻早已在心裡將你歸類到負面人格裡。

同樣的道理，今天你很可能只感覺到一點點的憂鬱與壓力，所以說服自己只要撐過去就可以了。但這一點一滴的憂鬱經過每天不斷地累積，又從來沒有抒發的管道，等到你發覺的時候就為時已晚，因為憂鬱的感覺早已排山倒海地撲向你，讓你喘不過氣來，讓你對生活感到嚴重的無能為力感。

人性有個不好的習慣，就是從不願意正面地處理那些讓自己煩心的瑣事，常常到它們累積到某一個程度爆發的時候，才讓自己深陷於走不出來的痛苦裡。這個習慣源自於我們太把這種負面的感覺當作是理所當然的存在。就好比男女朋友之間很常因為理所當然而忘了尊重，明明知道自己做錯了事情，但只要一吵架就一副理直氣壯的口吻說：「我本來就是這個樣子啊！」往往到對方要與自己分手的時候，才哭著說會改。人們總在失去後才來反省自己可以如何改進。當然，同樣的例子可以套用在任何的地方。我真心地想與各位分享覺知的重要，因為覺知無論或大或小，都是進化的開始，一個人在完全沒有覺知的狀態下其實是沒有進化空間的。因為他們會覺得一切都很好，所以自然沒有任何改變的必要。但對任何事物有所覺知，就會讓人產生改進的慾望。例如人在壓力大的環境下會為了想要減輕壓力而去思考壓力的來源在哪，以及可以如何改進現有的狀況。壓力其實不是神不知鬼不覺地出現，大多數的人都是對它有所感覺的，只不過習慣用「算了吧」來處理自己所面對到的壓力，卻從來沒有想過壓力並不會自動消失，只會愈積愈多。而悲傷的感覺就如同壓力一樣，即便是長期關在自己的小宇宙的人也難免會有情緒上的起伏，因為宇宙底下的萬物都是一種振動的存在，情緒在正常的情況下自然是有高有低。我們每天所面對的憂鬱以及壓力其實不會很大，但若是沒有刻意去抒解它們的話，當然會積少成多，一段時間後，才讓人們清楚地感覺到它們的存在。但如同之前所提到的：人們必須要先有覺知才會有進步的空間。如果今天有意識到自己的哀傷正在累積的話，那麼我們又可以如何改進它呢？

我曾經說過人的思考能量是非常強大的。也就是說靈魂在沒有身體的限制下，可以讓任何的事情發生。你可以操控能量，也可以改變自身以及周遭的能場。所以在覺知之後要改變的第一步，是先意識到自己有多麼強大的能力可以改變一切，而不是讓你的負面邏輯說服你什麼事都做不了。再來你要記得：你所著重的事情（無論好壞）遲早會成為你的實相。也就是說一個天天只著重在自己有多麼憂鬱的人，自然會得到憂鬱的結果，就猶如一個只有意識到自己很胖的人，也會不自覺地得到這樣的結果一樣。人們在沒有意識的狀態下，每天批判自己至少五十次，就等同於每天對宇宙下達五十次「請讓我繼續憂鬱吧」、「請讓我繼續胖下去吧」的命令。也因此，宇宙自然而然地會給你更多憂鬱或是胖下去的回饋。就如同你如果相信一個人是會出軌、背叛你，或是拋棄你的壞人，那麼你的潛意識裡就會一直試著從這個人身上找到可以證明你的感覺的證據。宇宙從來不會讓你失望，你既然這麼相信，自然會得到這樣的結果。所以在這個時候給大家最好的建議就是讓自己轉念，換個角度去看待生命中的事，那麼你自然會得到不一樣的結果。也就是說，與其一直著重在生命中那些讓你感到憂鬱的事，倒不如轉換念頭學著讓自己去觀察生命中那些可以讓你覺得幸福的事。或許你會說這樣的行為並不能改變什麼，沒錯，這或許不能夠改變什麼，你人生中的問題很可能依舊是個問題，但是它卻會訓練你轉換自己看待事物的態度，你的潛意識會開始切換頻道去注意那些好的事情。把這樣的生活態度套用在自己的身上，會讓你從無盡的憂鬱迴圈裡慢慢地走上愉快的道路。

大部份的人因為將所有的精力一直著重在生活中不如意的事，大半輩子的人生都在不順心的事件中渡過。就好比有人因為欠了別人一百萬而壓力山大，但就算每天擔心害怕，結果往往還是沒有錢，而且還有可能會讓欠債愈積愈多。但這不是叫大家欠錢不要擔心，擺在一旁就自然會有人來幫你還錢，而是建議各位與其一直著重在自己欠錢，不如轉念思考自己可以如何掙錢，如何以有規劃的方式還錢。只是轉個念，壓力自然就會不一樣。與其著重在沒錢，不如轉念去思考要如何賺錢——這兩種念頭會產生兩種不一樣的結果。

我相信大部份的時候，人們對自身所面對到的問題都沒有一個絕對的答案，沒有關係，就試著用用看我很喜歡的句子，那就是「**Everything will be okay.**（一切都會沒事的）」。因為當人們深信最後一切都會沒事的時候，那麼即便在過程中遇見任何的風風雨雨也比較容易說服自己挺過去。在風雨的當下可以著重在自己可以從這個事件中學習成長到什麼階段的時候，你就會發現那些不順遂的事情會很快地過去，進而幫助你前進到下一個階段。

所以我想讓各位知道的兩個基礎：

1. 你創造你的實相。你的腦子裡著重什麼東西，你就會得到什麼東西。你可以繼續專注在我很胖、不夠好、沒錢……等等，或是轉個念想想：反正怎麼擔心都還是這麼胖、不夠好、沒有錢，那麼我不如把同樣的能量著重在為生命找到出口，並相信自己一定有力量可以面對這些事。這樣的念頭可以讓你當下產生很大的助力，並讓你產生勇氣面對那些困境，而不是讓那種自哀自憐的感覺將你逼向無能為力的死胡同裡。**如果你了解思想所能創造出來的實相，你就會更著重在你想要得到什麼，而不是你沒有得到什麼**。允許你的想像力來為你開路吧。靈魂是個很有能量的存在體，很多時候它的力量是透過想像力來讓所有事情發生的。今天因為靈魂受限在人體裡，會讓靈魂誤以為自己的能力有限，但那是因為我們從來沒有被教育要如何對自己的言行思考負責，並開發我們的潛能。這使得我們覺得自己無足輕重，總是不負責任地一味地傾倒負能量。但既然我說想像力可以帶你遠走高飛的話，那就是希望各位相信自己身體內的靈魂是強大的，可以透過你的想像力將它轉換成實相。就好比我們每天都會花很多時間在擔心一件事情上，總是心甘情願地著重在自己的不足之處，卻從來沒有想過，正因為我們每天都投注這麼多的時間在相同的擔憂之上，以致於我們的人生自然而然地成就那樣的結果。但既然現在有所覺知了，並且知道自己想像的事物遲早可以成為你的實相的話，那麼與其每天花二十四小時批判自己是個多麼不足的人，倒不如撥用五分鐘的時間來想像一下自己可以怎麼成為更好的人。在睡覺前，可以想像宇宙有個很大的吸塵器，能將你一天的煩惱、負能量全部吸光，讓你可以好好地休息，明天才能夠有充足的力氣去面對生活中的困境。想像所有的焦慮與憂鬱從自己的身體一掃而空，讓宇宙來處理這樣的事情。也因為睡飽了，靈魂得到適當的休息，那麼你才會有精力處理這件事。因為大家都知道當腦子混沌的時候，其實是無法處理事情的。這也是為什麼購物頻道總喜歡在深夜裡播出，又或者是腦子不清楚時最容易被詐騙上當一樣。做出最好決定的第一要件就是要有一個清楚的腦袋，有了好的睡眠自然會有清楚的腦袋來面對壓力。

2. 準備可以幫助各位呼吸的 **App**。面對壓力很大的狀況時，可以試著透過調節自己的呼吸來緩和自己的能量。我個人喜歡一吸三吐的頻率，用鼻子吸氣，嘴巴吐氣。通常只要練習個三到五次，就可以感覺自己沒有像之前那樣的緊張與焦慮。這是因為你把專注力全都暫時放在呼吸的節奏之上。一旦感覺到自己的情緒稍微平穩，就可以再度想像宇宙大吸塵器將自己的煩惱完全吸走，你只要專心過好自己的人生就夠了。有些人也喜歡藉由洗澡，想像水將身體所有的負能量沖淨的感覺，又或者是用吹風機將所有的煩惱吹光。每天只需要花個幾分鐘的時間，選擇你最喜歡的方法，來處理掉你一天所累積下來的種種煩惱吧。

人生難免不順遂，如果各位問我要如何排除憂鬱的感覺，我會說與其相信自己的無能為力，倒不如相信生命都會找到自己的出口，一切都會沒事的。每天花個一分鐘的時間，想像宇宙替你清掉這些煩惱，好讓你可以專心在那些好的事情之上，從困境中找到自己的力量。只是透過這麼簡單的舉動，就可以幫助你慢慢地跳脱這種無限的循環。我們可以透過每天一點一滴的覺知，幫助自己慢慢地清理掉長期累積的憂鬱，你很快地就會發現自己的壓力沒有像以前那麼大，神經也不會老是緊繃著，而明天自然可以是新的一天喔。

強迫症

・對應頻道 194 集・

其實在我的靈學旅程中，我最有興趣的主題大概就是疾病了。因為我一直很想知道如何以靈性的角度去幫助現代醫學（注意，是「幫助」而不是「取代」喔）。基於我相信真正的健康是身心靈三面向平衡，所以當各位在接受正規醫療的同時，一定也可以從靈性的角度為自己做些什麼。但無論我做了什麼分享，都請各位切記：我不是個醫生，沒有辦法為各位身體上的疾病做任何專業的解答。如果各位有任何身體上、心理上或是精神上的疾病，請尋求正規醫療的協助。我所做任何有關疾病的分享並不是為了要取代正規醫療，而是希望你們在接受專業協助的同時，也可以從靈性的角度幫助自己。

同樣地，這篇文章也是從靈性的角度與各位討論強迫症，英文叫 **OCD**（**Obsessive Compulsive Disorder**）。我很常說：身體是靈魂的工具。也就是說，任何身體上的疾病大多是因為靈魂的內在設定所顯化出來的。在這個章節中我們暫時將疾病分為兩大類：一是身體上的疾病，另一個則是心理上的疾病。心理疾病大多是由恐懼所延伸出來的，只是依照恐懼的程度，反射在心理上的疾病會有所不同。心理疾病大多與靈魂內在的恐懼有關，這也是為什麼你常看到心理疾病的患者多半是坐立不安的。有時候人們可能可以在這輩子找到恐懼的源頭，但也有情況是根本沒有辦法在這一輩子找到任何發病的原因。

而身體上的疾病多半是取決於你的能量是否受到阻塞。由於靈魂本身就是一種能量的存在，所以無論你的能量在哪個地方受到阻塞，它都會直接地反映在身體上面，形成我們所知道的疾病。未來我們再來細述有關身體上的疾病，今天這個章節主要針對那些在這一輩子裡找不到任何發病原因的心理疾病。

強迫症（**OCD**）其實與之前提到過的恐懼症（**Phobia**）有點相似，但不一樣的地方在於恐懼症來自於某一輩子的經歷造成間接或是直接的死亡，而強迫症的恐懼則不一定跟死亡有任何的關係。強迫症有分輕度與重度。輕度強迫症患者大多可以像正常人一樣地過日子，然而重度患者卻常常有旁人無法理解的行為：可能是不斷地洗手，又或者是需要把所有的罐頭食品標籤都朝同一個方向展示等等。這些行為大多沒有任何根據，但患者卻忍不住不斷重複同樣的事情。

強迫症的產生大多來自於你的心靈上曾經歷過一種持續不斷的威脅／壓迫，無論是這輩子或上輩子、有形或是無形的存在。這種威脅可能根本沒有造成你的死亡，但卻在你的心靈上造成極大的恐懼，那麼在長期的壓迫下，你的靈魂就會開始發展出所謂的強迫症。以我曾經諮詢過比較嚴重的幾個個案來舉例，我有一個客戶絕對不會碰別人碰過的書，只要他有任何想要閱讀的書就一定要買全新的。並且一旦閱讀完畢就會直接丟棄，如果別人好奇地把他的書拿起來翻個幾頁，那麼他就再也不會碰那本書，而是直接再去買一本全新的。所以他根本不可能進圖書館借書，也不可能踏進二手書店買書。另外一個客戶是很害怕看到任何人有嘔吐的動作（假裝的也不行），不管對方是為了什麼原因想吐，只要任何人有想吐的動作發生，那麼他就必須立刻離開那個房間，要不然他會開始心悸、坐立不安、呼吸困難，甚至覺得自己快要死了。還有一個客戶完全不能摸到門把，只要一碰到就必須馬上洗手，不然他會有種快要窒息的感覺。這些客戶都無法在這一輩子裡找到自己發病的根源，而是必須追溯到他們的前世。這也讓我驚訝地發現，他們所害怕的事物在上輩子並沒有直接地造成他們的死亡，而是讓他們長期處在一種被威迫的恐懼底下。舉例來說，一個必須把任何標籤朝同一個方向擺設的客戶，在上一輩子曾經因為不這麼做就會受到十分嚴厲的懲罰。這種長期的壓迫導致這一輩子的他還是會反射性地執行相同的行為。不能接受嘔吐的客戶曾經歷過英國瘧疾肆虐的時代，那個時候的人們只要一出現嘔吐的症狀，往往在七天之內就會死亡，而不小心接觸到病人嘔吐物的人往往也會受到感染而死亡。客戶雖然沒有在這個事件裡面因為受到感染而死亡，但因為長期活在這樣的陰影底下，導致他這輩子只要一看到人家嘔吐，全身的肌肉記憶就會與那一輩子的記憶相連。即便這輩子的他知道這樣的身體反應一點也不合理，但在完全沒有任何理由可以解釋的情況下，他靈魂的肌肉記憶還是會不自覺地對嘔吐做出與上輩子相同的反應。而害怕摸門把的客戶可能算是經典的強迫症案例。因為曾經生長在一個衛生環境非常惡劣的時代，導致他們若是在上一輩子因為門把上的細菌感染而生重病的話，那麼他們在這一輩子裡自然會對門把產生恐懼。

所以，恐懼症與強迫症雖然都與恐懼相關，但卻取決於人們所害怕的事物是否與死亡有任何直接的關係。若是這個事件曾經直接造成你的死亡的話，那麼你在這輩子的恐懼就會相對變得嚴重。若只是受到長期壓迫但卻沒有直接面對死亡的話，那麼在從來沒有正面去處理的情況下，你對某件事物的恐懼可能在這一輩子裡就會演變成強迫症。

如果你願意花點心思去注意心理疾病患者所害怕的東西是什麼，往往可以幫助你協助他們找到解決的方法。如果人們沒有直接去面對以及處理在上一輩子裡所產生的恐懼，那麼自然會演變成下一輩子的強迫症。**事物通常不是造成強迫症的來源，而是人們把當下的情緒轉移到特定的事物之上。**這也是為什麼我總是鼓勵各位勇敢地面對自己的恐懼，也唯有如此日子才會變得比較輕鬆。我們已經承受了太多從上輩子累積下來的負擔，實在沒有必要為下輩子再累積更多的困難。

知道了是什麼原因造成自己這一輩子的強迫症，那麼接下來又要如何面對它呢？只要記得：你離死亡的距離愈近就會讓你愈害怕那個特定的事物。強迫症是因為你曾經長期活在某種精神壓迫的情境底下。在這個時候可以試著為自己的強迫症編寫故事：先寫下自己強迫症的行為，再去思考在什麼樣子的壓迫下會讓你產生這樣的行為。一旦故事出現一個雛形之後，你便可以開始學著與這個故事情節切割。就拿害怕與嘔吐的人共處一室，導致因為害怕嘔吐而無法受孕的客戶來舉例，當她意識到導致自己如此害怕的原因時，便開始學著提醒自己已經不是活在那個時代了。生活在醫療發達的時代，嘔吐已經不再代表死亡。當她愈來愈能夠把自己與那輩子的恐懼做出分割的時候，她發現自己的強迫症也在無形之中開始改善。就好像大部份經歷過黑死病時期的人都會害怕老鼠的意思是一樣的，一旦把疾病跟老鼠做了分割，自然就不會再那麼害怕老鼠了。

如果大家不太清楚這種分割的過程需要多久的時間，我想拿個自身的問題來舉例，我有個介於 **Phobia** 與 **OCD** 的恐懼，那就是我很害怕車子油箱沒油。即便我從來沒有因為車子沒油而發生任何事故，但每每只要油燈亮了卻沒有去加油的時候，我就會開始坐立不安，嚴重一點則會開始冒冷汗、不能呼吸。由於從我有記憶以來就一直是這個樣子，所以我總以為自己只是擔心車子沒油會壞掉，也沒有特別去理會。直到有一次老公為了開我玩笑讓我差點心臟病發的時候，我才去追溯自己究竟發生了什麼事。記憶中的我開車試圖躲避軍隊的追殺，但卻因為車子沒油被追趕上，也因此被軍隊用鐵線勒死，這解釋了為什麼每次只要車子沒油我就不能呼吸的肌肉記憶。在了解問題之後，幾乎每次車子只要油燈亮起我就要說服自己好好地呼吸，沒有人在追殺我。整整花了八個月到一年左右的時間，我才終於可以在油燈亮起的情況下還能夠好好地開車，並且再也不受到影響。這個例子只是讓大家了解個大概，真正的療癒時間還是取決於你的輕重程度。若是你的情況比我還要嚴重，或許就需要更久的時間。一旦你的肌肉記憶與那一輩子的恐懼做出分割，你的強迫症症狀自然而然會和緩許多。**當你開始意識到每一個人生都是一個全新的開始，不需要與上輩子的恐懼畫上等號的時候，那麼在這一輩子自然就沒有必要受到無謂的折磨。**

大部分的心理疾病都是與恐懼做了連結，只是依照恐懼的程度不同而在身體上產生不一樣的反應。恐懼不是單純逃避就有辦法解決的，而是必須去面對它才能找到解決的方法。你不需要透過靈媒來知道自己害怕的究竟是什麼，只要細心地觀察就可以了解個大概。強迫症除了是上輩子殘留下來的恐懼之外，也有可能是這一輩子才生成的，但處理的方法都一樣：去了解內心真正害怕的東西是什麼，並勇敢地找到解決方法才是根治它最好的辦法。這一輩子處理不了的問題自然會成為你下一輩子的功課，所以鼓勵各位勇敢地去面對恐懼，這不只是幫助你成為更好的人，同時也會減輕靈魂許多的負擔喔。

不要把你的悲傷與個人價值綁在一起

・對應頻道 174 集・

相信大家一定很常遇到這樣的事：去算命的時候聽到算命師說自己會有小孩，但別說是生個小孩了，根本連另一半的影子都還沒有出現。又或者是算命師說自己的另一半就是真命天子，結果他不但渣還廢，交往幾年後還被拋棄，白白浪費自己好幾年的青春。大家如果有關注我的頻道或文章的話，應該就知道靈媒沒有告知什麼人是不是你的真命天子的權力。這麼說的原因在於，每個人出現在你的生命之中，無論好壞，都有它的必然性存在。如果今天因為一個人不是你未來理想的對象，你就被建議（或斷定）要離開他的話，那麼接下來你極有可能還是會遇見不對的人。這是因為每個人遇到不對的人都是為了從中得到靈魂應學的功課，今天若因為害怕面對這個功課而選擇離開的話，那麼即便接下來遇到對的人，也會把他培訓成錯誤的樣子，好產生相同的功課。

靈魂是透過互動得到進化的，所以身為一個靈媒，我們並沒有告知誰是對的人或是錯的人的權力，而是先得將你變成那個對的人，那麼你才會有辦法吸引對的人出現。而不是因為找到了對的人，你就會自然而然地成為對的樣子。這也是為什麼在我諮詢的過程當中，我會著重在兩人之間有什麼需要學習的功課，因為一旦得到課題應有的領悟之後，那麼即便此時身旁的人不是對的，宇宙也會讓他成為那個對的人。就算真的不是適合的人，他也會自動從你的課程中退出。所以就我的角度思考的話，每個人都應該在從每一段關係裡得到學習，即使那是不對的關係。若是自己真的可以從中得到領悟，進而朝著對的方向前進的話，那麼你遲早會遇見那個對的人。

今天之所以提出這個例子，是因為很多人常把自己的悲傷與個人價值做連結，特別是在感情關係裡。就好比一個人被分手之後，第一時間常會覺得一定是自己哪裡做得不夠好才會被分手，或對方一定是因為某某原因才會拋棄我……，當自己的難過一直找不到合理的解釋，內在的小劇場也就愈演愈烈，進而讓我們開始懷疑自己的個人價值。「鐵定是因為我不夠漂亮、善良、體貼、聰明……」的句子在日積月累下逐漸成了我們的個人價值設定。甚至可能只是因為被一個男朋友拋棄就開始相信自己一輩子都沒有人要（又或者是再也遇不到好的男人），只是被一個男人傷透了心，就開始相信這一輩子的感情都註定要傷心。

你們有沒有發現自己很常因為錯誤的原因跟一個人在一起呢？沒錯，要與一個完全陌生的人發展一段關係其實並不容易。因為你們必須跳脫自己的舒適圈去認識一個陌生人，並透過無數次的對話和約會來檢視彼此究竟合不合適。就好像登門推銷商品一樣，一邊要把自己推銷出去，一邊又害怕面對他人的拒絕。結果在無數次的失敗之後，好不容易找到了一段關係，但因為已經被拒絕怕了，所以即使心裡知道對方並不是自己想要的人，也會說服自己去將就目前的對象，說服自己即便不適合，也總比一無所有來得好。還有更多的狀況是大部份的人或多或少都有聖人情結，也就是明明知道對方並不是自己想要的人，但內心覺得自己具有改變他，甚至是感化他的能力，覺得對方有一天一定願意為了愛而改變，也因此讓自己的容忍成了一種理所當然。在這種自我將就又得過且過的情況下，如果對方非但沒有改變還在關係裡面出軌，又或者是為了某原因與自己分手，那麼這個時候的你就會更加地晴天霹靂，覺得自己的犧牲奉獻竟然全都付之一炬。即使自己從一開始就已經知道兩個人並不適合彼此，但心裡卻還是會放不下，苦思自己為愛付出了這麼多，為什麼得不到想要的結果？今天你難過的並不是他不是那個對的人（因為這是你早就知道的答案），而是自己明明才是給對方機會的那個（聖）人，他憑什麼拋棄我？！

我想要說的是：我們常常在沒有自覺的情況下，說服自己去接受一段錯誤的情感。更常因為感情發展的結果不如自己所預期時，就回過頭來批評自己的不足，進而漸漸地喪失自己的個人價值。但就如同我在文章前面分享的，即便是一段錯誤的感情也會為你帶來你的靈魂所要學習的功課，這也是導致靈媒若是告知對方是個不對的人，進而讓你無法透過這段關係而得到成長的話，那麼「告知」這件事就是個錯誤的決定。也因此，當我們意識到自己的腦子不斷地在批判自己時，是否可以先好好地冷靜下來，不要再允許自己無極限地貶低自己的價值，而是先試著將自己的個人價值與悲傷分開來對待。

人是有情感的動物，在面對任何關係的終點時難免會難過。這不只有侷限在男女情感的分手，也包括面對死亡、離別……等等。當我們面對這樣的情況的時候，想哭就好好地大哭一場，而不是假裝自己很勇敢似的強忍著淚水。哭泣是正常的行為，正如難過也是正常的情緒，當你在感受這樣的情緒之際，好好地順從著自己的心，痛痛快快地大哭一場。而不是該哭的時候不好好地哭，反而不斷地為自己內心的情緒找藉口，一味地批判自己、不斷地質疑自己不夠好，才導致對方離開，或是因為自己太笨、太醜、太沒用……，所以才被這麼對待。這種無限跳針的動作遲早會成為你的個人價值，等到事過境遷了，這樣的設定也會成為你在感情關係裡隱藏的痛。

想哭就哭、難過就難過，但是千萬不要把你的個人價值跟這樣的情緒綁在一起。今天一個人從你的生命中離開只代表了一件事，那就是他原來就註定在你的生命中扮演過客的角色。不管他在你的生命裡停駐了多久，會離開就表示他不是你所謂的「對的人」，之所以會在一起就表示你們之間一定有彼此需要學習的功課。與其把焦點放在自己的種種缺點，不如將它當作一個小小的練習，為的是讓你的下一段關係可以得到更好的經營。好好地思考自己應該從中學到什麼，又是否學到了什麼？是否學到照顧好自己、表達自己以及珍惜自己？是否學會勇敢，抑或是活在當下……。唯有你學到自己應學的功課，那麼你才可以確保未來一定會更好。因為靈魂有進化的本能，只會朝著更好的方向前進。不要委屈自己忍受惡劣的對待，更不要為了配合別人而犧牲自己。如果人們選擇從你的生命離開，那是因為你值得更好的存在。難過是正常的，想哭就好好地大哭一場，但千萬不要因為一段關係就讓你相信自己不值得，讓你把自己貶低得一文不值。

除了感情之外，這樣的問題在家人關係裡其實也很常見。很多人因為父母離世，而完全地活在自我指責的愧疚感當中，覺得自己當初可以做得更好，覺得自己不是一個好孩子。但與其一直執著在過去，不斷地指責自己的種種缺陷，你應該更專注在如何活出不會再有任何遺憾的未來。你或許曾經不是個好孩子，但那並不表示你的未來不可以成為一個讓你的父母感到驕傲的孩子。允許自己難過，但無需損耗自己的價值，因為只要你願意相信靈魂會帶領著你走向更好的未來，那麼未來在面對種種的挫折與考驗時，你自然會有足夠的勇氣面對一切的挑戰。靈魂之所以投胎是為了成就更好的自己，而不是為了證明自己有哪裡不夠好，所以不管任何時刻，千萬記得不要把自己的悲傷與個人價值綁在一起。

Chapter 4

同場加映：靈性應用篇

如何修行

・對應頻道 153 集・

如果大家跟我一樣從小在亞洲的環境長大，那麼應該對所謂的「求神問卜」一點也不陌生。在我小時候的年代，父母們想要知道自己的小孩未來的發展，就很常帶著小孩到處跑宮廟問事，因為可以問事的靈媒幾乎都只有在宮廟裡才找得到，而不像現在這樣，還可以透過網路管道找到。

我小時候其實對於「找靈媒問事」很反感。每次只要被母親帶到靈媒前問事，他們總是會不斷地告誡我媽，說我就是要「修行」的體質。不管母親找的是哪一個靈媒，他們嘴裡說出來的話幾乎都大同小異，要不說我是九天玄女來投胎轉世的，就是說哪個仙尊叫我要修行。這樣的話曾經讓我很好奇，是不是全台灣只要是女生去問事的，全都是九天玄女投胎來著？在我那個年代，只要一談到修行就不外乎是吃素、唸經、打坐等脫離現實、遠離物質欲望的舉動。在宮廟文化的傳承之下，修行就是像僧侶般吃齋唸佛，再來則是規勸人們多做善事，或是冥想、靜坐，再極端一點地很可能會直接叫你出家。這也是為什麼我從小就對靈媒和修行都感到非常反感，很可能也是導致我非常排斥自己是靈媒體質的主要原因。

到我長大一點的時候，因為所有的靈媒感官都開始慢慢地甦醒，所以讓我理所當然地去尋求一位平時有在修行的阿姨的協助。在我的觀念裡面，這位阿姨一直都是位虔誠的教徒，不但多年來早中晚燒香從來沒有中斷過之外，也長期地吃齋、唸佛、做功德，以及參與許多的宗教行為。那個時候的我為了抑止自己的靈媒體質發展，所以幾乎嘗試了所有阿姨給我的建議，包括吃齋、唸佛、手抄佛經、打坐、靜坐、供佛、燒香……，但不管我做了什麼樣的嘗試，這些行為非但沒有改善我的靈媒體質，也沒有改善我的人生，更沒有讓我因此變得更喜歡自己。這不禁讓我開始質疑這一切「修行的舉動」究竟是為誰而做，又是為了什麼樣的目的而做？難道人們選擇「修行」就只是為了讓生活維持一成不變嗎？我的阿姨修行了好幾十年，但日子卻沒有因此變得愈來愈好，她的心性也沒有因此愈來愈泰然，反倒是在這條修行的路上與所有的家人都反目成仇，幾乎到了六親不認的地步。除了生活沒有任何的改善之外，每個月還入不敷出地幫神明做交旨和超渡冤魂的工作，進而累積愈來愈多的負債。這讓我不禁質疑：難道這就是每個靈媒口中的修行嗎？那這些行為背後的意義究竟是什麼？

或許是因為那個時候的我還有兩個嗷嗷待哺的小孩，所以雖然阿姨不斷地督促我去遵循所有傳統宮廟的修行方法，我反而更會去思考自己身為兩個小孩子母親的角色，以及質疑修行的可行性。我覺得自己更應該為小孩活在當下，而不是一味地將所有的時間與精力全部投資在神明所要求的事情之上。正因為時時刻刻提醒自己身為母親的角色，反倒讓我從與孩子的互動中得到更多的成長與改進，進而在人生的不同階段中得到我應有的領悟。我與孩子、家人透過每日的互動所得到的成長，遠大過於將自己與世隔離、吃齋唸佛還要來得更多。這也讓我更加地質疑「修行」到底是什麼？難道一個靈魂選擇投胎真的就只是為了吃齋唸佛，過著與世無爭、獨善其身的生活嗎？

在好奇心的驅使之下，我不斷地想要為這個問題找到答案。在透過觀察與研究後發現，其實真正的修行就是好好地活在每一個當下，真實地面對生活中的每一個時刻。因為靈魂選擇投胎不會就只是為了要與世無爭，既然帶著一身的七情六慾投胎，為的就是學會與這些喜歡與不喜歡的、好的與不好的人事物相處。再透過處理每一件事情的過程以及無論好壞的結果，從中得到領悟以及讓自己變得更好的方法。

在這麼多年的靈性旅程，我從無數的嘗試中得到了一個結論。那就是所謂的「修行」其實是由三個簡單的過程所組成。一是自我察覺（**Self-Awareness**），二是自我反省（**Self-Reflection**），三是自我進化（**Self-Evolution**）。不知道大家有沒有注意到這三個過程都與你的自身（**Self**）有關。我曾說過靈魂投胎是一段自私的旅程。修行的目的是為了幫助靈魂成為它一直想要成為的樣子，這也使得所謂的修行都與靈魂自身的言行舉止有著重大的關係。

現在讓我們討論修行的第一個階段「自我察覺（**Self-Awareness**）」。**Awareness** 在中文也可以叫做「覺知」。基本上就是人們對自己的所做所為有清楚的覺察與認知。我曾經說過，覺知是進化的開始。在人們在沒有覺察的情況下，不會覺得自己有任何改進的必要，也往往會用習慣來回應自己遇到的所有事。但是一旦開始產生覺知之後，就會對自己的言行舉止有所察覺，進而產生自我反省的空間。這跟你一直不斷地拿覺知來提醒他人要自我反省，以及藉此來更正他們的態度是不同的。所謂的自我察覺是當我們在處理一件事的時候，無論這件事我們喜歡與否，都可以在當下抽離自己過度反應的立場，並以第三者的角度去思考自己是不是有更好處理的方法，以及意識到自己的言行態度是否有任何改進的空間。當然，很多人可能覺得話都說出來了，要怎麼回收？反而讓自己落入將錯就錯的心態。但是其實了解如何彌補以及面對自己所犯的錯誤，也是靈魂必修的功課之一。學會對自己的言行舉止產生敏感的察覺力，那麼我們才可以透過反省以及更正而得到進步的空間。在每一次的互動裡，察覺到自己的行為，而後去思考與反省是否有改進的空間，進而採取具體的行動，再透過實際的作為來得到領悟，這些其實全都是可以導致靈魂進化的過程。

通常在覺知之後，人們會開始反省自己的言行舉止是否有改進的空間。可能是會注意到自己有更好的修辭方法，也可能是更好的解決辦法，甚至有些時候只是回頭去為自己的行為道歉，但無論是什麼，這個過程是讓靈魂學著換位思考，並去衡量自己是不是有其它的解決辦法，讓自己慢慢地演化成自己想要成為的樣子。當然，反省只是一個過程，真正地在現實生活裡採取實際的行動才是產生進化的根本。

一旦了解靈魂進化的流程之後，你們也會清楚地知道所謂的修行跟你的宗教、文化背影、膚色、人種、性別……一點關係也沒有。其實每個人幾乎每天都會經歷覺知、反省以及進化的過程。在我們的日常生活裡，隨時隨地都有機會讓我們可以去思考自己是否可以做得更好一點，去改善內心的小劇場，進而讓明天的自己可以成為更好的人。或許正因為親身體驗了這種日復一日的流程之後，我才深刻地體會到：所謂的修行真的不需要人們刻意去打坐、吃素（雖然吃素對身體不錯）、唸經，當然更不需要出家。

你們是否有想過，靈魂為了輪迴投胎而選擇了父母、功課、平台，帶著偏好、喜歡與不喜歡的事，優缺點以及七情六慾等等，究竟為了什麼？難道就真的只是為了透過修行、打坐來學會與世無爭以及達到獨善其身的境界嗎？那麼我們大費周章地選擇了環境、朋友、親人的用意又是什麼呢？

我在靈魂旅程裡，最常被問到的問題就是：修行是什麼。我相信同樣在亞洲的背景下長大的人應該與我有相同的認知，也不斷地在懷疑自己是不是要上身心靈課程，是否要吃素唸經，是否要研究那些與現實生活毫無相干的事物。我想透過這篇文章與各位分享我個人的觀感。對我來說，修行含有三大要素，自我察覺、反省、進化。任何的事情若是可以造成這三個階段的產生就可以被稱之為修行。就我多年的實驗以及觀察到的結果：最好也是最快的修行方法是好好地活在當下。因為每一個當下無論是好的還是不好的產生，絕對都可以推動這三個元素發生。不管我們選擇了什麼樣的身份來投胎，都是可以選擇修行的。修行其實不需要花很多的功夫，只要人們好好地用心過日子就可以了喔。

如何看到精靈？

・對應頻道 165 集・

相信大家一定都對精靈的存在有極大的好奇心，也常常有朋友們問我要如何才能看到精靈。在進入這個話題以前，先讓我們來討論一下「精靈」究竟是個什麼樣的存在吧！假設這個世界上只要有形體的萬物都是一種約莫每秒30下的振動頻率的話，那麼精靈就是約莫每秒25～28次振動的存在，在極少的狀況下，他們會是以每秒32～35下的振動存在。假設每一個維度都是大約三個振動幅度的差距，這個意思也就是說，人類的眼睛習慣看得到的振動會是每秒

29～31下左右的振動存在。但在少數的情況下，有些人的可見振動頻率可以在5個幅度左右，約每秒28～32下的振動，這應合著宇宙其它萬物一般約莫5～8個幅度差的能見度。簡單來說，只要振動密度不同以及能見幅度不交錯的情況下，不同維度的話，自然會看不到彼此。這意指著精靈的振動頻率一旦與人類習慣的振動頻率有所差距的時候，就會導致人們看不到，這個意思跟同頻共振的道理是一樣的。

但即便如此，由於精靈與人類的振動頻率很接近，因此人類看到精靈的機會可能遠大過於看到鬼。之前曾經有網友問我是否見過長得像魔戒裡那個很帥的精靈。雖然不管是 **Fairy** 還是 **Elf** 都會被翻譯成為「精靈」，但對我來說還是有所差別的。精靈之於我大概都是體型極小（約莫三到五寸），是習慣飛來飛去、跳來跳去的生命體。而另一種則是 **Goblin**，他們一般是沒有翅膀，體型也偏大（約莫二到四英尺），往往都有種木頭人或是與自然生物合體的感覺。再來則是在外表上比較接近人類，身高一般是在三到五英尺左右的生命體，我則會稱他們為 **Elf**。魔戒裡面的精靈在我所劃分的種類裡則是偏向 **Elf**，我曾經見過最好看的精靈大概也是會在湖面上跳舞的 **Elf**。其實只要有興趣的人都可以注意一下，雖然人類的視覺可能沒有辦法讓你們清楚地看到精靈的實體，但是他們的存在也是有人類眼睛看得到的東西。一般的精靈或是 **Goblin** 的體溫其實是偏低的，但是這種在湖面跳舞的 **Elf** 的體溫則偏高。這也導致他們在湖面上跳舞的時候，通常大約在早上五、六點，或是傍晚五六點時，湖面上會出現類似直柱狀的煙霧，通常不會只有一個，而是大約四、五個左右，形成一個直徑約兩公尺的圓。若這些煙霧會環繞著這個圓圈旋轉的話，那麼我會說這個湖應該就有 **Elf** 這種精靈的存在。他們的長相其實很像精緻的陶瓷娃娃，吹彈可破的肌膚在月光的照射下，有種格外不真實的感覺。所以如果朋友好奇我是否有看過很漂亮的精靈的話，這應該算是我印象中最美的精靈吧。就算是看不到的朋友們，也可以用肉眼看到這種精靈的體溫與空氣交錯所產生的霧氣。

到目前為止，我接觸過的精靈大部份都偏木頭色或是綠色，有點像是保護色。而湖面上的精靈則是有點半透明的藍白色，都有一種像是預防自己被人類發現的保護色。當我第一次見到精靈時，其實我有被嚇到，因為一直以來我都以為「精靈」只不過是童話故事所創造的虛構角色，更不用說我一點也不能理解高靈之所以讓我看到精靈的用意是什麼。通常從九月到十二月初是 **Goblin** 最活躍的季節。大部份的精靈在活動時都會讓人們以為是看到蜻蜓或是蝴蝶的錯覺，但 **Goblin** 由於體型較大，所以可能會讓人感覺像是小動物跑過跳過的感覺。

在見識各式各樣的精靈後，某個機緣下我接觸到一本童書《**Spiderwick Chronicle**》，感謝它的存在，讓我對自己所看到的種種開始有了形容他們的字彙，也很慶幸自己不是唯一一個看到這些生命的人。書裡提到一種精靈叫 **Brownie**，是一個大概六寸左右的大小，大多出現在木頭比較多的地方。所以如果你的房子是木頭建造的，那麼 **Brownie** 出現的機率會遠比水泥製造的房子還要大很多。如果房子又剛好是建築在森林裡的話，那麼家裡有 **Brownie** 幾乎是件必然的事。**Brownie** 是個挺有趣的存在，就像是個精靈小管家似的，通常一個家裡面如果有 **Brownie** 的話，那麼最多就只會有一個，而不是成群結隊。他們移動的速度其實挺快的，而且有 **Brownie** 的屋子，家裡的小東西也很常莫名地失蹤，又或者是你會感覺眼角好像老是有黑影閃過，讓你以為家裡面好像有老鼠似的，但都看不到老鼠的蹤跡。如果你有上述的情形不斷地發生的話，那麼你家就很可能有 **Brownie** 的存在。

如同之前所說的，精靈的振動通常比人類的振動還要來得慢一點，但偶然的情況下當他們興奮或是動作速度過快的時候，那麼他們的振動就會更接近人類的振動，也相對地變得更容易被肉眼看見。只不過這樣的速度發生得很快，所以常常只會讓人覺得眼角掃過一抹黑影，但轉身時卻什麼都沒有看見。再加上人類的邏輯習慣，總是會為我們無法正眼看到的事物做註解，所以這些一閃即逝的影像常常會被我們解釋成邏輯上可以理解的動物。此外，眼角之所以比較容易補捉到精靈的原因在於，它的頻率振動並不像正眼所看到的一秒**30**上下左右的頻率，而是偏低的，這也是為什麼有很多人容易會透過眼角看到鬼、精靈，但一旦轉向正眼就又什麼都看不到。

接下來比較常見的應該算是**Pixie**。這種精靈約莫三寸左右的高度，音調是偏尖銳的，通常出現在綠意盎然的地方，這通常也是他們傳遞給人的感覺。他們大多出現在春、秋的時候，他們聚集的地方會讓人彷彿聞到淡淡薄荷味道的輕爽感。所以一個地方讓你有這樣的感覺的話，那麼那個地方大多是有**Pixie**存在的。**Pixie**一般來說不太怕人，也習慣在人身旁飛來飛去的，他們對我來說算是最經典的精靈——聒噪又跳來跳去的。如果你去爬山健行，或在花園／植物園散步，偶爾會看到一道光影很快地從你的眼前閃過，那多半是**Pixie**的翅膀閃動的作用。總之，**Goblin** 最容易讓人誤以為家裡有老鼠，而 **Pixie** 則最容易讓人誤以為是蜻蜓、蚊子等。

所以總結來說，由於振動頻率相近的緣故，大家看到精靈的機會絕對會大過於看見鬼。如果真的有興趣想要看到精靈的話，留意眼角有沒有出現一閃而逝的感覺。他們通常是比較靠近綠色或木頭色的區域活動，因為保護色讓他們不容易在你們面前露餡。秋天是 **Goblin** 很容易出沒的季節，若是真的想要看見，那麼可以考慮去戶外走走，多多靠近有花草樹木的地方。

我相信大部份的人都應該看過精靈，只不過礙於無人解釋，所以我們常常不知道自己看到的究竟是什麼東西。基本上只要家裡的地球元素愈多的話，那麼看到精靈的機率也會高很多。秋天雖然很常看到 **Goblin**，但他們卻是一個很怕冷的族群，所以很常潛入到溫暖的家中。如果你家是在森林，又或者是附近有很多公園的話，那麼你家很可能就會成為 **Goblin** 的避風港。在這裡與大家分享一個小笑話，那就是我是個會讓 **Goblin** 躲在廁所的人，因為我覺得廁所不像家裡其它地方會有很多人走動，也不會影響到任何人。更重要的是，我壓根兒不認為有人會看得到他們。有一次朋友和她的兒子來到家裡做客，而她的兒子很明顯就是想上廁所的模樣，卻怎麼也不肯去上。當我們再三逼問後，小孩坦承說我家的廁所裡有糟老頭待著，所以他不敢去上廁所。於是，我第一時間就去驅趕躲在廁所裡的 **Goblin**，廁所清空之後，我親自帶著那個小男孩去廁所。在確定廁所裡真的沒有任何的「糟老頭」之後，他才終於放心地使用我家的廁所，這個經驗也讓我開始確定有人也看得到我家的 **Goblin**。其實大部份的精靈都不是那麼想要被人發現，或許在他們的族裡也有著被人類看到會萬劫不復的都市傳說吧 **XD**？但我相信不管看不看得到，直覺感官強的人應該都感覺得到他們的存在喔。

生命的色彩

之所以想要與大家討論生命的色彩，是因為我們活在一個什麼東西都有色彩能量的宇宙。色彩對於靈媒來說是種能見的能量，也有各自特有的能量。記得很久以前，姊姊曾經跟我玩一個小遊戲，那就是讓我猜猜她在吃什麼東西。我沒有辦法直接知道她所吃的食物是什麼，但卻感覺得到紅色的能量，雖然她很驚訝我是如何猜中的，但當下的我除了紅色之外根本感應不到任何的資訊。因為這個小小的遊戲，讓我開始去研究所有顏色各自所產生的能量，慢慢地發

・對應頻道 182 集・

現世間萬物其實都有其自身的能量，而這些能量可以用不同的顏色來區分，或是透過顏色來了解它們。

多年來，常有人問我自己的**Aura**（靈氣、氣場）是什麼顏色？其實**Aura**本身也是一種色彩的能量。還有人們常說的水晶，也是透過收集大自然的能量而產生出專屬的顏色。甚至是人們很常質疑什麼顏色的結界最適合自己，其實也適用於生命的色彩來解釋。唯一到目前為止不太適用的，可能是脈輪。我雖然不知道是誰研發出脈輪是照著七彩色由下往上發展的，但實際上脈輪其實只是種振動，並沒有任何色彩。所以除此之外，我會說一般人對於顏色的區分與認知都適用各種顏色類別的能量。

既然宇宙底下的萬物都有顏色的能量，那麼在知道顏色的能量之後又能做什麼呢？其實每個人身上都有很多的生命色彩，而這些色彩一般被稱作為靈氣（**Aura**）。大部份的人以為自己的**Aura**一輩子就只有一種顏色，事實並非如此，每個人身上的靈氣其實會隨著你這一陣子的經歷、生活體驗與心境而轉換成不一樣的顏色。所以你很可能會從紅色變成綠色，又或者是從綠色變成藍色。當然，也有很多人覺得每個人身上的靈氣就只有一種顏色，但這也不是必然的。

從以往的經驗來看，每個人身上往往有許多不同的顏色同時存在。但即便如此，每個人的身上還是會有一個主要色彩，通常這個主要色彩是這個人在面對事情、處理問題以及自己的情緒時，第一時間使用的慣用顏色。也就是說如果你的主色是紅色，那你就會習慣性地用紅色的能量來處理問題。若你的主色是綠色，則會習慣用綠色的能量來處理問題。

即便我自以為說得很清楚，但相信很多人還是一知半解，因為在不清楚所謂的顏色究竟有什麼樣子的能量下，人們又要如何透過顏色來處理問題？所以我希望以一個靈媒的身份跟大家介紹每個顏色的獨特能量。其實大部份的顏色所對應的能量就如同我們所知道的金、木、水、火、土能量，全都是由地球元素的能量所延伸出來的，也就是說每一個顏色所產生的能量都與這些地球元素相似。就好比紅色　火，本身就是一種炙熱、熱情、**Aggressive**（積極的、激烈的）的能量，除此之外，諸如氣憤、急躁、沒耐性等也全都是紅色的能量，基本上就如同各位所知道的火能量一樣。今天你對火的感覺，那麼紅色影射在你身上的就是同等的能量。再來，在金木水火土裡面並沒有對應的橘色，我所觀察到的橘色並不像紅色一般火爆，是屬於比較溫和，而且比土色更為快活的能量。在我看得到的元素裡面，最接近橘色能量的元素應該是屬於陽光。不知道各位在陽光底下是否都有種溫和快活的感覺呢？對我來説，橘色其實是個快樂的顏色，就猶如氣泡水一般活蹦亂跳的。如果大家好奇自己的靈氣到底是什麼顏色的話，一般你現下喜愛或是偏好的顏色往往就對應著你現在的靈氣顏色。

黃色本身就是土的能量，如同大地讓你感受到的穩重沈著一樣，只不過在這裡土不單單只有土元素，還包括土裡面的所有礦物元素，例如鎂、鈣、鉀……等比較輕盈的礦物元素全都是屬於黃色的能量。像金木水火土裡的「金」大部份的人會以為是橘色，但它其實是屬於土裡面的礦物質，所以諸如金、銀等，全都是屬於黃色的能量。

綠色則可以被分成兩種顏色，一種是翠綠（青綠）色，而另一種則是棕綠色。這兩種顏色的差別在於一個是比較像春天的能量，而另一個則是比較像秋天的能量。翠綠色就猶如百花盛開的感覺，而棕綠色則是屬於大樹歸根的感覺。如果今天把翠綠色與棕綠色分開來的話，翠綠色就好比是花草，而棕綠色就好像樹木一樣。所以即便這兩種都是木質草本，但還是有所差別的。

藍色有分淺藍色與深藍色，就好比是淡水與海水、淺水與深水一樣，兩者的能量也各有所不同。就好像人在浮潛與深潛各有不同的感覺，在淺水的地方可以讓人覺得自在飄浮，但到比較深的水域會自然而然地感覺到沈重一點，移動速度也會跟著緩慢一些。雖然同樣是水元素，但是淺藍與深藍所帶給人的能量完全不同。

當然除了所謂的金木水火土之外，生命的色彩裡還有不可或缺的黑色與白色，這兩者的差別在於：白色的能量比較像是空氣。最好的例子就是想像自己是顆充了氣的氣球，會不自覺地往上飛的感覺。過多的白色會讓人有腳勾不著地的感覺，而適當的白色則會平衡原本就略顯沈重的能量。而黑色的能量則比較像是石頭或是重金屬，諸如鋼或鐵都屬於黑色的能量。過度負面思考可能會產生黑色的能量，但是正如白色的能量一樣，適當的黑色能量其實也能夠平衡腳碰不著地的不踏實感。

而紫色一般會被人們認為是靈性的顏色，主要的原因來自於它本身就是一個各種顏色的綜和體。當一個人達到身心靈平衡的時候，身體會不自覺地散發出各種顏色的靈氣。在均衡的狀態底下，則會創造出紫色。所以一般身上有紫色的人，往往是在生命中有多層面的涉略才會製造出紫色的靈氣，而不是單一偏頗地追求靈性就能夠創造出來的顏色。

就好比粉紅色是火元素綜合一點空氣元素所產生的結果，所以它不像烈火一樣強烈，但持續的空氣又可以讓火不間斷地燃燒，所以會讓人感覺像是戀愛的感覺。這也是為什麼很多人把粉紅色與戀愛連結的原因。

綜合以上所述，大家應該能大概地了解顏色本身所對應的自然元素。通常一個人身上會有很多的色彩，大部份的時候這些色彩裡面會混合著些許的白色或是黑色。有些人可能會覺得白色與黑色是不好的顏色，其實不然。如上所說，適當的白色可以平衡過度沈重的能量，而適當的黑色也會平衡腳碰不著地的不真實感。但由於這兩種顏色都是比較極端的顏色，所以使用方法也像是在調色一樣，適量就好。就好比翠綠色猶如春暖花開的能量，可以讓人有方向感，如果在這個時候加入了白色就會讓這種綠色產生飄浮感，適當的黑色會產生踏實感，但是過多的黑色則會產生沈重感。

其實生命就像是調色盤一樣，如果你對顏色的能量有所了解的話，就可以開始掌控並調和自己的顏色。包括你想要為自己設立的結界顏色以及購買水晶等等，都可以運用自己對金木水火土的了解來選擇最適合自己的顏色。但如同我之前所分享的靈魂獨立個體性，每一個人都是由不一樣的元素以及能場所組成，也就是說坊間說一種顏色適用所有的人的情況其實是不存在的。黃色帶給某個人豐盛的感覺，可能不會給另一個人有同樣的感覺。那麼在每個人都不一樣的情況下，人們要如何知道自己適合什麼樣的顏色呢？

其實你可以把上述顏色的註解以及所對應的地球元素先寫在紙上，然後靜下心來好好地問自己對於這些元素有著什麼樣的感覺。像是你對火有什麼樣的感覺與註解，又或者是你對於大地有什麼樣的感覺等等。通常你對那個元素的感覺也會對應在那些顏色對你所產生的影響與反應。透過自己對地球元素的分析，你會愈來愈清楚色彩的能量對你的影響，並可以開始知道自己需要什麼顏色來增強現在的能場等等。就好比你需要一點方向的時候可以靠翠綠色來輔助，需要一點熱情的時候可以靠紅色來輔助。

當人們進入到覺知的世代，會開始對自己以及身旁的種種產生覺知，現在既然開始對色彩有點了解，也可以藉此大概了解自身的能場顏色，那麼就可以調出自己想要的色彩，幫助自己脫離某些困境或情緒。就連你平時所接觸到的人事物也都有它們自身的色彩，這可能也能夠幫助你理解自己為什麼在接觸某些人時一拍即合，接觸到某些人時卻感到水火不容，這很可能是因為色彩的能量在作祟的緣故。你對色彩的覺知可以實際地應用在生活上，透過自己對所有地球元素的了解，可以幫助你知道自己與對方各自屬於什麼元素。至少在面對不同元素的人，你可以選擇用那個元素比較能夠理解的方式跟他們說話，進而幫助你得到想要的結果。

此外，有人說水晶戴久了會變色。這其實是因為水晶本身有自己的色彩能量，它會因為調合了你的色彩能量而慢慢地轉換成新的顏色。就如前所說，如果你能夠換個角度將人生想像成一個調色盤，那麼你就能夠運用自如地掌控自己的顏色，輕鬆地轉換自己的能場。透過冥想、水晶、地球元素，甚至是衣服、外套的顏色，又或者是使用的杯子、包包的顏色等等，都可以用來幫助調整自己的能量。若是想要知道自己究竟是什麼顏色，通常你在某陣子特別偏好的顏色都可以代表你那段時間的能場顏色，又或者是需要的顏色。開始建立自己對於顏色的覺知之後，你才更有辦法學著掌控它們的能量喔。

色彩的能量與地球的種種元素息息相關，愈是簡單的生命，愈容易將自身的色彩能量反應在它的外在，愈是複雜的生物，雖不會反應在外在，但也不會影響他們本身的色彩能量，只是它大多會形成人們所知道的 **Aura**。寫下自己對於各種元素的感想，就能夠輕易地掌控顏色對自身的影響。去買盒便宜的水彩來學著調色吧，或許也能夠幫助你更清楚地知道要用什麼樣的顏色去調出你想要的色彩喔，給大家參考看看。

創造可以為你過濾能量的結界

・對應頻道 183 集・

今天想要與大家分享如何創造一個可以過濾能量的結界。其實大部份的時候我們是不需要設立結界的，但是可能有些時候遇到了讓你感到滿滿負能量的人，只要跟他們互動後就感到格外地精疲力盡，好像整個人的能量都被抽空似的。在這種情況下，你可能在下一次跟他們見面之前，就需要先設立一個結界來保護自己。雖然今天與大家介紹的結界並不能完完全全地擋掉對方的能量，但是至少可以幫你過濾掉百分之四十到八十的能量，這之中的差異取決於每個人的功力。如果你還是個生手，可能一開始設立出來的結界效果並不理想，但是只要願意練習，相信遲早可以創造出你想要的結界。

各位一定很想知道結界是什麼吧？結界是一種可以保護你自身能量的防護罩。大部份的人會因為對它不了解而從來沒有想過去使用它，但是我相信大家一旦對它有所了解，自然會在需要的時候使用它。不過因為設立結界是會消耗能量的，所以大多數的時候，我並不會建議大家設立結界。只有當遇到某些人所帶來的負能量遠大過於設立結界所需要的能量時，我才會建議各位試著為自己設立結界。要不然，我個人偏向鼓勵各位去找到實際的應對方法來增強自己的抵抗力。

在設立結界之前，請先為自己倒一杯水，因為如果設立結界的動作正確的話，你應該會感覺到有點缺水，也就是口渴。再來，設立結界以前請先清空自己的腦子裡的所有情緒，因為如果你帶著滿腦子的煩惱擔憂、厭惡或是恐懼的話，那麼你所設立出來的結界很可能會有許多的破洞，這樣自然沒有辦法達到你想要的保護功能。所以請學著在設定結界以前清空自己的情緒，如果不知道該如何清理自己的情緒的話，可以試著把所有的注意力都集中在呼吸上（以鼻子吸氣，嘴巴以三倍慢的速度慢慢地把氣吐完），這麼來回三到五次左右，呼吸時想像胸口的情緒慢慢地透過嘴巴全部吐出來。當你把身體裡面所有的情緒都清空的時候，你所創造出來的結界會是比較完整與乾淨的。

當你做好這些準備動作之後，開始想像自己的身體是個能量的通道，在體內從腳流到頭頂，並從頭頂輸出能量後，對外擴散至包覆住你的整個身體。既然要做結界，就學著將內心的所有擔憂都暫時抛下，因為你想要設立的結界是最純淨的能量。接下來你閉上眼睛，持續想像能量從你的頭頂如噴水池般地冒出，而後將你整個身體包覆在隨之落下的保護膜裡，直到保護膜持續落下到你的腳底後將你整個人包覆起來，形成一個完美的泡泡。

我曾經提到，人的想像力是十分有力的能量。當一個人在創造結界的時候，所使用的就是想像力的能量。你必須想像自己被包覆在一個很安全又很暖和的泡泡裡，不管你所使用的是什麼顏色或材質的泡泡，在做好之後再審視一下泡泡的完整性和飽和度，以及自己是不是完全地被泡泡包覆著。如果你審視個兩三次都覺得可以了，這個時候再深吸一口氣為這個結界做個總結，就大功告成了。其實設立結界只需要花幾分鐘的專注時間，如果你設立的方式正確，在完成結界之後你會感到口渴。這是因為結界雖說是用想像力創造出來的，但其實是需要使用你的能量來創造，所以自然會消耗你的體內的水份。也就是說，結界需要綜合你的想像力、與自身的能量所創造出來。

如果你是新手，可能會在一開始設立結界的時候，除了口渴之外還會感到有點累。但不用擔心，這都是正常反應，通常只需要稍做休息或補充水份就可以很快地恢復正常。隨著練習，你的肌肉也會增強，慢慢地就不會受到能量消耗的影響，身體調節的速度也會加快許多。但即便如此，我還是會建議各位多喝水。因為水除了可以保持你體內的水份之外，最重要的還可以幫你過濾以及修復體內的能量喔。

接下來回答一些與結界有關的問題：

Q：結界可以維持多久？

A：結界的維持長度取決於設立結界的人的能力。如果你是新手，我會說你所設立出來的結界大概可以維持三小時左右。但隨著你的肌肉發達以及愈來愈了解自己的能場，那麼結界的維持時間也會相對增加。就我個人的經驗來看，最久可以維持到六個月左右。除此之外也取決於你使用結界的用途，即使是再堅固的結界也禁不起人們持續不斷地攻擊。如果你今天所要面對的並不是很強烈的負能量，那麼就可以更加持久一點。所以想知道你所設立的結界可以維持多久？這決定在你的技巧、自身的能量，以及你所要面對的人事物衝擊力有多大。一般來說是三個小時至六個月左右的時間。

Q：結界是不是只要設一次就可以呢？

A：不是。結界是需要維持的。如果你需要時間比較長的結界，那麼你每天大概需要用五秒鐘的時間來審核一下自己所設的結界是否還完好如初。任何的情緒，甚至是肚子餓所產生的煩躁感都可能造成結界破洞。正因如此，身心靈的平衡也是維持結界的重要因素之一。如果需要比較長時間的結界，那麼就每天花個幾秒鐘的時間審視是否有修補的必要。就像是車子要定期保養一樣，定期的審視可以確保結界的完整性。但是修修補補比不上完整如初的好。所以如果覺得自己一開始所設的結界不夠完整，那麼最好重新設一個全新的結界。

Q：設立結界之後是不是就會把所有的功課都擋在結界之外？

A：這並不是結界的功用。結界不是萬靈丹，不會幫你阻擋人生課題。人生課題是不管用什麼方法都會在你的人生中發生的事件，所以如果你所要面對的人事物是與你的人生課題相關的，那麼就算你設立一百個結界也沒有辦法將他們隔離在外。結界只能夠幫你過濾掉一些能量，可能原本這個人對你的衝擊是百分之百，設立結界後會依照功課的安排而過濾到剩百分之六十至二十左右。你的功力愈好，你所能過濾的比例自然而然地也會愈高，但還是不可能完完全全地排除在外，只會讓你有種比較安心的感覺。之所以會感到比較安心，主要是因為人們在設立結界時往往需要先固定自己的能場，這會讓你比較不會受到外在環境的影響，自然會有比較安心的感覺。

Q：除了口渴之外，如何知道自己的結界有設好？又或者如何才知道結界已經消失？

A：如果你是個新手，那麼結界一般只有三個小時的效期。結界設立之後，你會感覺到有些不同，對每個人來說，所產生的感覺也會不同，這都是需要靠你自己去觀察的。若是你不太清楚，可以試著想想三個小時前以及三個小時後的差異在哪，然後從中慢慢地摸索。其實每當結界生效，或是要消失的時候，你大概都會有點感覺。可能是原本會讓你暴怒的事突然讓你覺得痛不癢，又或者是一點小事就讓你暴怒不安等等。如果你對自己與他人的能場有點認知與觀察力，其實都應該可以很快地感覺到其中的差異，也可以幫助自己設立最完美的結界。

Q：設立結界的人會不會讓人感覺很難親近？

A：不會。但千萬記得，能量過濾是雙向的。由於什麼能量都會被過濾，除了感覺不到對方的能量之外，可能會也讓你的感官變得有點遲鈍喔。這也是為什麼我開頭就建議各位如果可以的話，儘可能不要習慣為自己設立結界。

Q：結界的顏色對自己有什麼樣的作用？

A：顏色的作用請配合上一篇〈生命的色彩〉來服用，因為顏色本身是與地球的元素相互對應的。如果各位想要對顏色有更好的認知，那麼最好的方法是去研究這些自然元素。相信有很多人會有討厭或是偏好的顏色，但是顏色本身是沒有好壞對錯的，就如同自然元素在宇宙底下也沒有好壞對錯一樣。但因為每個人的觀感不同，對顏色的評價也會不一樣。想要研究這個元素對你的影響，你必須去理解自己對每一樣元素的解釋與感覺是什麼，這樣你就可以比較了解不一樣的顏色對你所產生的效果。為了幫助各位更清楚地了解，如果你形容的句子裡有主觀的形容詞的話，都請你先移除它們。而是觀察這樣的元素在自然中扮演著什麼樣的角色，那麼你就會知道自己如果使用這個顏色來設立結界的話，對你會產生什麼樣的反應。建立在每個人的能場都不一樣的基礎上，同樣的顏色也可能會人們產生不同的反應喔。

Q：可不可以同時創造出許多不同顏色的結界？

A：可以是可以，但請小心使用。在這之前一定要對色彩有很好的認知。就好比有人想要用綠色來創造療癒的能量，但不一會兒又想要用紅色來創造熱情的能量，在這個情況下會發現自己所創造出來的結界沒有辦法達到最初想要的結果。這是因為綠色與紅色過濾後可能會創造出咖啡色，就好比藍色的水元素與紅色的火元素會過濾出紫色的意思是一樣的。所以如果是新手的話，建議各位一次只選擇一個顏色使用。若真的想要試著調和顏色，除了設立結界之外，最好先買水彩、調色盤來調和看看喔。選擇正確顏色的一層結界會遠比不同顏色的多層結界還要來得有效喔。

Q：除了顏色之外，結界是否也可以用不一樣的材質？

A：一般人覺得結界可能就是像泡泡一般的透明狀材質，但其實你可以使用木質、金屬，玻璃，也可以使用布料去創造你的結界，所以才說想像力在這個時候可以盡情地發揮它的功能。先了解自己設立結界的動機是什麼，再來思考自己希望它所發揮的功效又是什麼，進而去研究自己可以使用什麼材料與顏色來達到那樣的效果。想要知道不一樣的材質有什麼樣的功效，學著觀察它們在現實生活裡的功用，一般用同樣的材質設成結界後也會有相同的功效。只要記得，在你一心想要運用結界來阻隔外在的干擾時，你所選擇的材質同樣會影響到你所接收到的訊息與能量，以及你對外的能量。結界不是單向的，而是雙向影響。這也是為什麼大多數的人會選擇以泡泡的方式來設立結界，因為在能量裡外的過濾上不會有太大的差距。

Q：結界可以設在他人身上嗎？

A：可以。但如我之前提到，設立結界是會消耗能量的，用在自己身上已是如此，如果今天是設立在你不喜歡的人身上可能會消耗你更多的能量。而且取決於對方的能場狀態，你所設的結界功效自然也會有所不同。但記得，在宇宙底下一切都以動機為主，自己是為了什麼動機在他人身上設下結界，這樣的動機到最後很可能也會回饋到自己的身上。所以建議各位如果對結界不是很了解的話，還是先從為自己設立結界開始練習。要不然，設立在他人身上的結界，由於與你相連的緣故，若是剛好對方是個很討厭你的人，你所設立在對方身上的結界可能反而為你吸收來更多的負能量喔。

最後大概地總結一下結界究竟是什麼。它是一種由頭頂發射，在腳底收尾的能量泡泡。主要的功能是幫助你過濾身旁的能量，但這必須在不阻礙你的人生功課為前提才有辦法生效。一般維持時間從三個小時到六個月不等。大部份的人不需要設立結界，但在一些能量容易受到干擾的情況下，可以考慮設立結界來暫緩自己的能量耗損。至於結界該用什麼樣的顏色與材質，則端視你自己對於這些元素與材質的觀察。結界不是單向的，在它對外防禦的同時，對內也可能造成同樣的結果。在設立結界之前最好先清空自己的情緒才能確保結界的完整性，若是有所缺損也可以靠審視自己的能場來修補。但是大致來說，我會建議大家不要對結界產生依賴，盡可能地正面處理自己的功課以增強自己的能場與抵抗力喔。

所有關於水晶的問題

・對應頻道 184 集・

這麼多年來，許多網友向我詢問有關水晶的問題，希望今天可以透過這篇文字一次回答完大部份的問題。關於水晶要用什麼顏色，以及什麼物質可以改變人的能場，只要你所選擇的物件是屬於地球的元素，都是可以改變能量的。地球元素大多是屬於中性的能量，透過收集與聚集能場來成為元素本身的能量，也就是說可以透過你的意識和動機來改變這些元素的質量與能場。所有地球元素（金木水火土，包括空氣與陽光）全都可以透過意識能場來改變它的能量。

在各種元素裡面，我們最常使用的就是水晶，它同時也是被普遍推廣的。一般人若是想要過濾能量，與其大費周章地設立結界，其實水晶是相對溫和而且不耗能量。

水晶的作用與地球的各種元素相同，都有儲存與過濾能量的功用，也可以透過外在的意識能量去改變它的能場。人的能場就像個磁力場一樣，每天都不斷地從腦部發送電波，今天如果在能場內放了一個可以改變質量的物品，那麼它自然而然地就會受到改變。就好比我們常見的發電球一樣，在無限發電的情況下，當人們把手指放在發電球上的時候，就會看到所有的電力往手指的方向集中是同樣的意思。這也是人們如果選擇將地球元素拿來當佩件或是飾品配戴的話，也會改變整個能場的振動的原因。這也是為什麼水晶可以幫你過濾能量，無論是你發射出去，或是從外面接收進來的能量，都會因為有導體的存在而轉變方向。大家有這樣的概念之後，就會知道今天如果配戴一個水晶，那麼它自然而然地會成為你的能場對內以及對外的轉換站，這會遠比天天為自己設立一個結界還要實用許多。

一般正常人的能場大約都在伸開雙臂後，右指尖到左指尖的範圍，簡單來說手臂以內是你的自身能場，手臂伸直後的指尖以外則是外在的能場。水晶放在自身的能場範圍內不會吸收他人的能量，一旦有人進入了你的能場範圍內，那麼水晶則會像個導體一樣先吸收外來能量後再過濾。這個時候就像是上述的發電球一樣，重點不在於水晶體有多大，而是一旦在能場內出現導體，就會產生能量轉移的效果。

各位一定很好奇水晶要多大才能吸收以及過濾他人的能量，又或者是多大的水晶才適合自己，其實真的不需要很大的水晶，約莫一個黃豆的大小就足以過濾每個人的能量。不過我相信很多人會覺得才黃豆般的大小感覺一點都不實在，那麼你也可以參考自己小指頭的第一節到大拇指的第一節的大小。任何這之間的尺寸都是適合你天天使用，也是屬於比較溫和的過濾方法。此外，水晶不一定要一直戴在身上，只要在能量範圍之內，即便是放在隨身攜帶的包包裡面也能夠有同樣的效果。

除此之外，很多人想知道如何辨識水晶的狀況良好？如何知道水晶還可以繼續使用？其實任何地球的元素都可以跟人體的能量相呼應。就好比銀飾一樣，如果你的身體狀態良好的話，你所配戴的銀飾也會愈來愈亮。但若是狀態不好的話，那麼你所配戴的銀飾很可能就會出現氧化的情形。同樣的道理，如果你所配戴的水晶與你的能量相呼應的話，那麼水晶就會愈來愈光亮，質地也會愈來愈透澈。但若是你的配戴的水晶開始呈現霧狀並失去原有的光澤的話，那麼它可能吸收了過多的能量而需要淨化了。負能量爆表的水晶可能會出現爆裂狀況，但若只是質地呈現霧狀的話，其實淨化之後還是可以重覆使用的。由於水晶是由自然能量創造出來的產物，所以恢復它的方法也是透過自然的能量。你可以將它放入加了點海鹽的水裡清洗，又或者是網友提到的溪水與湖水也可以，之所以在水裡面加海鹽是為了讓水回復大海的能量，所以你不需要放很多鹽，只要一小撮即可。你可以簡單地清洗一下水晶，又或者是讓它靜置在水裡三個小時左右，這個過程其實是為了讓它吸收水的能量。在清洗過後，放在有自然風的地方讓它風乾，為的是吸收風的能量。若是放在日月光可以間接照射的地方二十四小時，則可以幫助吸收日光與月光的能量。這樣你就可以再繼續配戴使用。

若是看到自己原本買的水晶顏色似乎有點改變，不需要太慌張。正如前述，水晶的能量會與你自身的能場調和而改變原有的顏色。如果不知道自己適合什麼顏色，又或者突然不喜歡這個顏色，想換別的顏色的水晶該怎麼辦？我會建議依照你當下的喜好，選擇你喜歡的水晶顏色來配戴就可以了。不適合的暫時收起來就可以了，因為你永遠不知道自己未來哪一天還會用到。若是喜歡自己現在的樣子，對任何的顏色都沒有特別的喜好的話，那建議可以配戴透明無色的水晶來配戴。因為多年來我發現透明無色的水晶有放大自身能場的效果。通常我會建議半透明顏色，而不是實心色的水晶，原因在於半透明色的水晶比較能與自身能場調和，而實心色的水晶大多會有覆蓋自身能場顏色的作用。

水晶的過濾效果不像設立結界般那麼直接，一般人從開始配戴水晶開始約莫七天的時間才會稍微地感覺到變化。因為水晶是比較溫和的過濾方法，所以相對地需要比較長的時間才能見效。

此外，我個人對水晶的種類沒有特別的意見，只要是你喜歡的顏色，我覺得什麼種類都可以。你可以買別人用過的水晶，但由於不清楚前一個擁有者的能場如何，我會建議各位在清洗過後，讓日月光照個三天左右來重設水晶的能場，之後就可以重新拿起來配戴。此外，琥珀也是天然的自然元素，也同樣有收集與過濾能量的功能。但琥珀與水晶相比，偏屬於木頭元素，而不是石頭喔。

接下來回答一些相關的問題：

Q：如何知道水晶是真的還是假的呢？

A：這真的要靠你的個人直覺。一個對自己的能場愈有覺知的人，就愈能夠感覺到水晶裡所存放的能量，一般的玻璃無法儲存這樣的能量。對身為靈媒的我來說，水晶裡有一種生氣，這是假水晶裡所沒有的。就是你有時候看著水晶會覺得它好像在跟你說話的那種感覺。對於覺得自己是麻瓜的人來說，應該是那種好像會一直吸引你、呼喚你的感覺吧。

Q：水晶除了人的能場之外，也可以淨化空間嗎？

A：當然可以，但若是要用來淨化空間的話，可能需要大一點的水晶。一般來說就大約是一個掌心的大小就可以了。基本上水晶的大小佔整體面積的千分之一左右就可以了，大約一個人體面積配一顆黃豆大小，三千六百平方（約一百坪）英尺配一個掌心的大小，大家可以自行衡量喔。

Q：很多人覺得紫水晶招財，是真的嗎？

A：如我之前所說的，這完全因人而異，但你的意念會創造出你的實相。若是你這麼相信的話，那你的信念自然會改變水晶的質量。

Q：常常接觸與觀察大自然的人，比較能夠訓練自己去分辨較好的能量與真的水晶嗎？

A：市面上或許對水晶的等級有不同的標價，但就我的觀察來看，不一定要很貴、很純的水晶才能夠產生過濾能場的作用。只要它是純天然的，不管好壞都像金木水火土一樣有收集與過濾能量的效果。我個人覺得銷售者的能場是最直接能夠改變水晶能量的，但更重要的是，真的適合你的水晶往往會與你的能場互相呼應，讓你有種愛不釋手的吸引力。

總結來說，任何地球的自然元素都有儲藏以及過濾能量的功能。一個人的基本能場範圍約莫是兩臂伸直，指尖到指尖的圓直徑範圍。水晶只要在這個範圍裡面就可以產生過濾的效果，不需要特別配戴在身上，只要在自己的能場範圍內都可以產生作用。選擇你當下喜歡的水晶顏色，就是最適合你現在能場的顏色。

如果你得不到應得的認可該怎麼辦？

・對應頻道 186 集・

我曾經接受一個客戶的諮詢，他覺得自己常常給身旁的人建議，而他們的人生也因為他給的建議而有所轉變。但是人們好像都覺得自己的生活獲得改善是理所當然的，又或者是連道謝都沒有什麼誠意，讓他一點也沒有被感謝或是被認可的感覺。其實我相信很多人有類似的情況，無論是在工作上、感情關係、家人關係或是日常生活裡，自己明明做了很多的事，但是身旁總有人會搶功，又或者是可有可無的一聲道謝，讓自己所有的付出好像白費了一樣，難免讓人失落。彷彿自己所做的一切努力沒有任何的意義，也得不到任何人的與贊同與回報。

這樣的情況並不少見，而且在發生的當下，自己也不知道該做何反應，只能讓這種不被賞識的負能量不斷地在內心發酵，總覺得自己好像少了應得的東西，無論是金錢還是能量的回饋，而失落的感覺更是讓我們不願意再付出，甚至是開始自哀自憐：覺得自己不值得又或者是浪費時間。以往我們對能量不了解的時候，人們傾向不負責任地對外發放任何的負能量，但是隨著我們進入覺知的世代，我們應該清楚地知道自己對宇宙投擲了什麼樣的能量，自然而然地就會得到相同能量的回報。也就是說，一直覺得自己不被賞識的心態會吸引來更多不讓自己被賞識的事件發生。

所以下次當你覺得自己的付出沒有得到應有的認同時，先學著察覺自己之所以需要認同的不安全感，並直接去面對這樣子的情緒，因為任何會啟動情緒的事件都是靈魂必須要去面對的功課。若是在沒有功課的狀況下，你仍然覺得自己的付出並沒有得到同等的回報，但又不想對宇宙投注負面的能量時，那麼你可以試著運用自己的想像力，想像宇宙裡有個掌管你靈魂的財富銀行。這個銀行所掌管的不單單只是金錢，而是廣義的「財富」，包括友情、愛情、生活體驗……等等。假想自己在宇宙裡有一個專屬的富貴銀行，專門儲存你的所有富貴。那麼當你覺得自己百分之百的付出，卻只得到百分之五的回報時，那我們就小心翼翼地將剩餘的百分之九十五存放在自己的富貴銀行裡，讓宇宙為你生利息。等到未來有需要的時候，要求宇宙連本帶利地呈現在你的面前。

所以如果大家清楚地知道如何運用自己想像力以及意識的能量，那麼下次再有這種不被認可的情況發生時，與其自己一味地生悶氣，不斷地朝宇宙投遞「自己沒有價值」或是「自己的付出永遠得不到任何人的賞識」的訂單（記得，你對宇宙發射什麼訊息就會得到什麼回報），不如把這些沒有受到賞識的能量存放到你在宇宙裡的個人專屬富貴銀行。不管未來它會選擇用什麼方式回到你的生命當中，在這段時間裡都讓宇宙來為你增生利息，感謝宇宙會幫你最大化，讓它顯化成為你生活中的富足感，而不是只著重在從特定的人身上得到那樣的回饋。只要相信屬於你的，無論是以什麼樣的方式都一定會回到你的身邊，剩下的就交給宇宙處理吧。只要專心地過好自己的日子、做自己想要做的，那麼即便你所幫忙的對象沒有給你任何的回饋，你的內心也會是富足的，不是嗎？

對自己的靈魂導師有點信任，朝自己相信的方向前進，不管此時此刻有沒有得到自己應得的認可，但未來絕對都會是更好的結果喔。

Chapter 5

實現你的自我價值

★

你有信仰（信念）嗎？

・對應頻道 156 集・

經過多年的諮詢下來，我發現當人們沒有 **Faith** 的時候，很容易對未來感到不知所措，像是不知道現在的男友是不是合適的對象，又或者下一份工作會不會是份好工作等等。**Faith** 的中文翻譯成信仰，但是「信仰」兩字又很容易讓人直接聯想到宗教。我想要說的是，**Faith** 在英文中不單單指宗教裡的信仰，宗教其實只是信仰裡的一部份，但不是全部。**Faith** 同時可以被翻譯成信心、信任等等，例如；我信任你（**I have faith in you**），這個用法就與「**I believe in**

you.」是相同的。

在諮詢的過程裡，當我問對方是否有 **Faith** 時，很常遇到客戶回答：「當然有啊。**I believe in myself.**」**Believe** 這個字在中文也常常被翻譯成信任、信仰的意思。雖然與 **Faith** 的字面意思相同，但在用法上是有差別的。人們雖然嘴上時常掛著「我相信……」，但是對於未來卻是完全沒有信任感的。我常說每個靈魂都具備身、心、靈（邏輯、情緒、靈魂）三大要素來投胎，這會決定他們未來用什麼樣的思考模式與心態來面對自己的功課。當人們說他們 **Believe in you** 的時候，通常這個「**Believe**」是建立在教育背景所產生出來的邏輯意識判斷，往往需要有證據來輔助這樣的信任。也就是說這樣的信任大多是由那些有跡可循的過去經驗所建立出來的，例如一個品性良好的人自然是值得被人信任的。又或是一個積極進取的人會覺得未來是垂手可得的一樣。人們透過過去的經驗來衡量自己或是他人會有什麼樣子的未來，也因為有實質的佐證讓人內心產生一種自然而然（又或者說是理所當然）的信任感，相信自己或是他人只要照著這個模式前進就一定會達到某種未來。這也是為什麼說 **Believe** 一般是由很多的證據來支持的緣故。

通常我們會發現有信任感的人似乎會比較成功，因為那種相信未來一定會發生的感覺會促使他們往一個明確的目標前進，即便遇到挫折也比較容易再站起來。但從多年的諮詢中，我發現大部份容易對未來感到不知所措的人，並不是因為他們不相信（**Believe**）什麼，而是他們缺乏信仰（**Faith**）。在此篇文章裡，我們暫時將 **Believe** 翻譯成信心，把 **Faith** 解釋為信仰，好讓大家可以清楚地分辨兩者的不同。

為什麼說大家缺乏信仰呢？我不是建議各位立刻去找個宗教來信奉，但我必須說「宗教」的確是建立信仰一個很好的開始。原因在於宗教本身就是一個讓人摸不著、看不見的存在。與 **Believe** 所需的科學邏輯佐證不同，**Faith** 的建立源於開始相信那些邏輯完全沒有辦法解釋的存在，而宗教正是最好的代表。因為即便沒有任何科學可以證明它的真實存在性，人們還是相信它擁有足以保護以及引導我們每個人的龐大能量。所以如果說 **Believe** 代表的是你的身體意識的話，那麼 **Faith** 所代表的便是你的靈魂與心靈的信念。但也正因為靈魂與心靈的感受大多是摸不著、看不見的，導致人們很難對信仰有踏實的感覺，因為它不像 **Believe** 一樣有過去的經驗或是科學邏輯來佐證，以致於未來的目標無法透過推算而產生，反倒像是憑空地無中生有一般。單純地說服自己去相信一個無法透過推算而生成的未來，是人們對未來產生徬徨無助感的主要原因。

但其實學會培養自己的信任是十分重要的，因為靈魂投胎所具備的身、心、靈三大要件之下，任何可以讓科學邏輯解釋的範圍只佔其中的三分之一而已，而剩下將近百分之六十六的比例，全都是屬於心靈與靈魂層面，沒有實相的存在。這也是為什麼那些單單只根據科學邏輯佐證而 **believe** 的人，大多還是會對未來產生恐懼，因為他們無法透過推算得知剩下的三分之二的結果，以致於他們開始懷疑自己是否真的能夠達到想要的成功。信仰之所以重要是因為它可以幫你的身、心、靈連結，並達到最佳的平衡狀況。在邏輯、情緒、靈魂都能產生共識的情況下，人們會對自己的未來產生無比的信心，即便在面對挫折的時候，也會相信那只是成功的必經過程罷了。而那種無條件的信任，其實就等同於人們對於宗教的無條件信任，這也是為什麼宗教是培養信仰的很好入門方法。所以當我說你們要相信自己時，我真正想要表達的是你們必須對自己有 **Faith**，因為這種無條件的信任感是與你的靈魂相連結的。一旦人們相信自己的靈魂一定會帶領自己走向最好的未來，那麼這個信念才會讓你對未來產生堅定感，並且能夠面對無法預測又捉摸不定的過程，促使自己繼續前進。

大部份的人覺得信念一定得跟宗教劃上等號才容易被理解，其實不然。既然它所代表的是靈魂與心靈的感受，那就表示這樣的技能鐵定也是靈魂可以訓練的肌肉。只不過我們太習慣活在一個由邏輯解釋的社會，導致我們不清楚該如何運用這種無憑無據的信任。但其實信念可以從生活中最簡單的事開始練習。舉例來說，我一直都相信自己隨時隨地都找得到停車位，無論在哪個尖峰時段，又或者是哪個交通繁忙的地段。這樣的信念總是讓我輕易地在車水馬龍中找到最合適的車位。又或者是我的朋友總是相信她永遠找得到她想要的東西，無論她想要的東西有多麼地稀奇古怪，有時候甚至會讓人懷疑那樣東西根本不可能存在，但上天總是會奇蹟般地將她想要的東西完美地呈現在她的面前。她還有個句子是我覺得每個人都會很受用的，那就是「**It will all work out.**（一切都會好起來的），也就是不管她吃了什麼虧，又或是有人臨時取消她的約會，到最後一定都會有人事物補上，讓一切都恰到好處地完美。

我想要說的是，當我要求你們要對自己有信心，但你們卻不知道該從何下手的時候，可以試著從最簡單的句子開始。如「一切都會沒事的」、「一切都會水到渠成」、「我總是會遇到貴人相助」、「我總是能撥雲見日」……。雖然你的邏輯根本沒有辦法解釋為什麼一切都會沒事，但隨著你在過程中慢慢地找到印證的證據，你的信念自然而然地也會變得踏實，而慢慢地顯化成為你的實相。這其實跟吸引力法則雷同。我之前提過吸引力法則回應的不是你要什麼，而是你是什麼。也就是說你的靈魂與心靈真正的感受才是顯化你的實相的主要根據。一旦將吸引力法則建立在個人邏輯之上，那麼人們就會期望未來是用某種特定的方式與形態發生，反而會導致未來遲遲無法顯化。所以簡單來說，**Believe** 的顯化值會受到邏輯的限制，而 **Faith** 所顯化的實相卻是無限的。

靈魂既然選擇投胎，就表示它在宇宙底下一定佔有一個重要的地位，無論你的大腦對此時此刻的自己有什麼樣的評價，每一個靈魂在人生的道路上一定都會為自己安排一個更好的出路。所以即便現在的你不知道該如何到達那個未來，但只要相信那個未來是存在的，那麼無論現在的你遇到的事情是好是壞，鐵定都是將你推向那個結果的動力。只要繼續前進就一定看得到路，若是不知道該如何繼續的話，那麼就試著開始相信一切都會沒事的，或者是一切都會撥雲見日的。為自己建立一個簡單的信念，便是一個很好的開始。

當我要求各位要有 **Faith** 時，其實是希望各位的邏輯可以與你們的靈魂和心靈做連結。靈魂的肌肉是需要訓練的，而訓練靈魂的肌肉則沒有年齡的限制。不管此刻的你在人生中的哪一個階段，都可以為自己設立一個簡單的信念，慢慢地訓練出你靈魂的肌肉。因為到最後，這樣的感覺可以讓你掌控生命中將近百分之六十六的比例。如果你是個習慣用邏輯生活的人，也應該開始學著與自己的靈魂連結。如前所說，就從為自己創造出一個簡單的句子開始吧。如果你仔細觀察的話就會發現，每一個成功人士幾乎都有一個類似設定的句子，例如「我一定會成功」、「我總是遇到貴人」等等，就連做什麼事都失敗的人其實也有類似的句子，例如：「我的電腦一定都會壞掉」，又或者是「我連喝水也會胖」……。不管你的句子是什麼，不斷地練習才是導致它漸漸成為實現的主因。一個簡單又容易執行的句子就是你練習靈魂肌肉的最好起始，而且既然信仰不分好壞都會發生的話，那麼就慎選自己的句子。如果你到現在還是對未來感到茫然不知所措的話，那麼就相信每個靈魂都是重要的存在，未來肯定都是朝著最好的方向發展。這樣即便遇到困境和挫折，只要重新站起來，繼續走下去就一定看得到那個更好的未來喔。

如何在生命中做出正確的決定？

・對應頻道162集・

這篇文章想要教大家如何在生命中如何做出最正確的決定。

雖然相信很多人已經知道我的答案是什麼，但我還是想要嚴肅地討論這個話題。在我諮詢這麼多年以來，時常被問到要如何才知道自己的決定是正確的，例如：現在交往的對象是不是我的真命天子？下一個工作是不是會讓我賺大錢？我的投資是不是會穩賺不賠……。可想而知地，諸如此類的問題可以延伸至各個層面。其實我每每聽到這樣的問題，就感覺好像聽到有人來問我「嬰兒要如何一出生就知道怎麼跑步？」一樣的毫無邏輯可言。如果成功是個終點的話，又怎麼會安置在人生的開頭呢？我們不往往都是要從種種的錯誤中得到學習，經歷各式各樣的考驗才能夠到達終點嗎？嬰兒在學會跑步之前也是先經歷翻身、坐立、爬行、站立等階段，如果大家都清楚地知道一出生的小孩就會跑步是件不可能的事，那麼為什麼還是有那麼多的人認為一開始就成功是理所當然的呢？成功不都是從錯誤中學習到經驗所得到的結果嗎？

雖然資訊的發達讓我們減少很多犯錯的機會，但人生的體驗，特別是感情、技能、判斷力、情緒相關的種種課題，大多需要靠自己從錯誤中學習而來，而不是總是期望不費吹灰之力便能得到的結果。走向成功的「過程」才是靈魂之所以投胎的目的，因為藉由種種的考驗才可以讓他得到最深刻的領悟。在我成長的那個年代，所謂的「成功」就像是工廠出貨一樣，得經過層層的考驗標準來證明你的好壞，以及是否可以出人頭地。就好比你考試考幾分、是否考上最高學府，又是否順利畢業找到公家機關的工作……。絕大多數的父母都用同樣的標準來養小孩，卻沒有思考過這全都是受到工業時代的影響，讓人們相信所有的人都（應該）是一樣的出貨標準。也正因為這種思維的影響，讓我們那個時代的父母只能依循著人人都遵守的期待來要求自己的小孩達到相同的目標。所以當他們期望你能夠出人頭地，期望你的日子可以過得比他們好的時候，他們也只能沿用社會教育所傳遞給他們的知識，期望你考試要考一百分，期望你的品性要良好，人格發展要健全……才會被這個社會所接受。因為在他們成長的那個環境中，他們並不知道還有其它的方法，所以也只能依照自己被傳承的教育來教導你們。我們的父母輩被教育非黑即白的觀念，不像是現在的社會既多元又資訊發達，讓我們清楚地了解社會其實充滿許多的灰色地帶，也讓我們對不一樣的人事物有更大的接受度。但我們的父母相對沒有這樣的思維，非黑即白的教育讓他們自然而然地沿用相同的方法來教育小孩。也就是說，如果你沒有達到「好」的標準，那麼你就是「不夠好」。若是沒有考上最高學府，那麼你就是不夠聰明。社會期望每個人都像工廠出貨般地達到審核標準，以致於任何錯誤的產生都只是證明了自己是個不完美的瑕疵品。這也使得我們小時候在面對錯誤的時候，不但得不到外在的寬容，反而更多的是責罵。致使人們開始害怕犯錯，更不用說這種觀念即便在我們成年之後，也會轉換成一種自我指責。

所以回到文章最開頭的問題：「我要如何在生命中做出最正確的決定？」我可以給各位最好的建議就是：請各位勇敢地去犯錯，並且讓自己從錯誤中得到學習，那麼你自然可以慢慢地在人生中做出最適合你的正確決定。再渣的對象，多交往個幾個也會看清他們都是一個樣；再不好的投資，多觀察幾次也會看得出它們有一定的走向。這些感官與肌肉其實都是你的生存本能，也是每一個靈魂從一出生就具備讓自己變得更好的本能，它是讓我們可以從錯誤中找到讓自己變得更好、更棒的技能。就像是如果你走路跌倒，就會知道下次要怎麼走才不會跌倒一樣，這樣的肌肉光是從嬰兒身上就可以很清楚地看到驗證。

當然，即便我說每個人都有可以讓自己變得更好的本能，還是會有很多人質疑我這句話的真實性。因為他們深信自己一輩子遇到的都是渣男，又或者是每次的投資都是失敗的……，這些都是人們常常聽到的句子。為什麼非但沒有從過程中變得更好，反倒還讓自己陷入一次又一次的循環裡呢？因為這重點不在於你沒有可以讓自己變得更好的生存本能，而是社會已經在你成長的過程中成功地說服了你，只要你沒有達到好的標準，那麼你就是不夠好。就如同我上一段所描述的，上一輩的教育讓我們相信自己只要不完美就是有瑕疵的、只要考試沒有一百分就是不夠聰明的。這個習慣長期下來讓我們一旦沒有達到社會所期待的標準時，就會第一時間回來批判自己。所以只要交到一個壞的男朋友，就會責備自己怎麼會這麼笨，只要找到一個不好的工作就會指責自己怎麼總是這麼不幸……，你之所以一直犯同樣的錯誤在於你已經落入這個模式裡頭。只要一有錯誤發生，你第一時間不是思考改進的方法，而是回頭來指責自己，讓自己更加地落入不可自拔的深淵。有些慣性責備自己的人甚至誇張到即便是身旁的人犯錯，也會全扛到自己的身上來為他人的行為負責。也正因為已經習慣性地將所有的責備都扛在自己的身上，以致於未來一旦有任何錯誤發生的時候，便不會想要去突破它，只會一味地責備自己沒有用，更相信自己什麼事都做不好。這就是為什麼你無法發展出讓自己變得更好的肌肉，反而因為自己習慣性的責備而變得更自卑，落入不斷犯著相同錯誤的迴圈裡。

我很常跟我的小孩說：「沒有人生出來就是萬能的。如果你不擅長什麼，那一定是表代你練習得不夠，任何『棒』都是練習出來的。」由於每個人都不一樣，所以有些人只需要練習五十次就成功的事，你可能需要練習個一百次才會達到相同的標準。因為靈魂具有獨立個體性，所以對某個人是「正確」的標準，並不等於對你來說也是「正確」的，就好比我理想中的真命天子不一定就是你的真命天子，我不喜歡甜食並不代表你也不喜歡甜食一樣。因此要怎麼找到「對的」標準，這種感覺大多是由你邏輯以外的百分之六十六、既摸不到也看不到的靈魂與心靈來做判斷。也就是說要達到你理想中那個「對的」感覺，需要由你親身去體驗、試驗過之後才會得到結論。

所以如果你到現在還在跟我哭訴自己總是遇到不對的人、做不對的決定的話，那麼請先思考自己是不是每次犯錯就急著自哀自憐、批評自己，並且一味地哭訴著自己為什麼老是這麼倒楣，覺得自己似乎是被詛咒似的。你的思想會創造出你的實相，習慣性地抱怨會導致你無法從錯誤中學習，反而只會加深自己的不幸感。我們的生存本能會讓我們想要朝更好的方向前進，讓自己變得更好，並且能夠從錯誤中得到學習，所以遇到錯誤的時候，正確的方法是去思考自己下一次該如何做才可以做得更好，並從這一次的經驗中得到學習。透過每次一點一點地更正，讓自己慢慢地走向更好的道路。這有可能是讓自己說話更圓滑，也可能是讓自己更懂得觀察人，又或者是學會觀察投資的風險等等，無論是什麼，那種能夠讓自己從錯誤中學習的心態，自然會引導你慢慢地走向適合你的正確道路。

因此要在生命中做出正確的決定，就是勇敢地跨出第一步吧。遇到爛人之後才會知道什麼叫好人，做過不好的工作之後才會知道什麼工作適合自己，試試看不一樣的表達方法之後才會知道什麼最符合自己。犯錯之後才會有改進的空間。我常跟自己的子女開玩笑說，成長的階段是最適合犯錯的年紀，因為社會對青少年犯錯的容忍度是相對高的。這句話雖然常常得到子女的白眼，但卻是不爭的事實。在我成長的那個年代，環境並沒有辦法對「錯誤」有著相同的寬容，但所幸現在的我們活在一個多元的世代，社會的接受度是相對高的。所以我給各位的建議就跟給我家的孩子一樣：勇敢地允許自己犯錯吧！這樣你下一次才會知道什麼樣的決定是比較適合你的。很多事都得要先嘗試過，才會懂得下一次要怎麼做比較好。讓自己學著從錯誤中成長，一步一步慢慢地前進，你會更加明確地知道什麼樣的終點才是你一直想要的未來。而不是因為一味地害怕犯錯，反倒讓人生躊躇不前。人們對未知難免有恐懼，就更不要說「人生」這條路上充滿種種的未知。既然如此，犯錯自然是難免。即便是我也是一路跌跌撞撞地才能走到今日與大家分享的地步。但就我這麼多年來的經歷來看，我真心覺得勇敢接受錯誤是幫助各位找到人生中正確決定的最快捷徑。透過踏實的一小步來取代急功好利的一大步，才是訓練自己靈魂肌肉的不二法門。我相信正確的學習心態必然能夠帶領各位走向正確的未來。

人們對待你的方式等於你對待自己的方式

在這麼多年的諮詢裡，我很常聽到客戶們抱怨生活周遭的人如何不公平地對待他們。很多人覺得自己為了身旁的人盡心盡力，卻總是得不到任何人的感激與感謝，反而還把自己的付出全都當作理所當然，覺得自己勞心勞力，卻永遠得不到相同的回報。在抱怨之餘，也不禁感慨自己究竟做錯了什麼，為什麼一心想要對他人好，卻總是得到完全相反的回報？

如果大家有持續關注我的頻道，相信大家一定對於整個靈魂的鋪陳有個大概的了解。靈魂為自己鋪設的平台，往往是希望可以用最快的方法顯化出靈魂原本就有的缺點，好讓自己在未來的人生旅程上可以學會處理以及面對那樣的功課。因此，我們也常常聽到人們說，我們會在討厭的人身上看到自己討厭（也不為人知）的缺點。同樣的道理，當我們一味地抱怨他人如何對待我們的同時，各位是否也知道他們對待我們的方式，正是我們對待自己的方法。

當然，相信有很多人不認同我這個說法，但是我想要請大家換個角度思考。當你在抱怨人們總是嚴厲批判你的時候，自己在私底下是不是也是用同樣的態度在對待自己？總是覺得自己不夠好、笨手笨腳、長得不夠漂亮、反應不夠靈敏……。當你在平時總是想盡辦法做到最好的同時，是不是夜深人靜之後總是不自覺地去放大自己的種種缺點，讓自己活在自哀自憐的氛圍當中？當你抱怨別人都不懂得尊重你的時候，是否有注意到自己總是委屈自己配合別人，一點也不懂得尊重自己，更不用說捍衛自己的權利？當你覺得所有的人都拋棄你的時候，是否有注意到自己早已經先拋棄了自己？任由自己暴飲暴食、不運動、不出門、不對你厭惡的生活做出任何的改變？

其實有很多的時候，我們都習慣性地強迫自己去配合別人。因為我們被教育這才是應該做的事，好像唯有如此我們才有辦法在這個社會生存。我們渴望著被環境接受的歸屬感，這也使得我們很容易選擇忽視自己真正的感覺。「犧牲小我，完成大我，凡事要以大局為重」是我們從小就被教育的觀念，但醜陋的事實是，如果連我們都選擇背叛自己，不重視自己的話，那麼無論我們身在何處，我們永遠都無法感受到歸屬感。反而還會一直吸引來會背叛以及不重視我們的人。「你是什麼」才是導致你會「吸引什麼」的重要關鍵。

我曾說過，在這個以你為主軸的小宇宙裡，你對自己的設定與態度會直接地影響到身旁的人事物是否會以對的方式呈現在你的面前。這也是為什麼「愛自己」只是一個開始。在以尊重為前提的環境下，一個懂得自己的主軸在哪、並可以學會為自己負責的人，身旁的一切自然會隨著你的成長而慢慢地轉換成你想要的樣子。這也是為什麼我們需要學會尊重以及接受自己，用適合自己的步調找到自己，那麼人們自然而然地會用你對待自己的方式來對待你。就算你遇到不對的人，你也不會允許他們用逾距、不尊重的方式對待你。**人們必須在內心找到屬於自己的位置，才能夠從身處的環境裡找到歸屬感。**

所以當你意識到自己總是不斷地重覆相同的抱怨時，好好地審視一下你對待自己的態度吧。如果你感覺生活周遭的人都嚴厲批判你，看一下你如何批判自己。如果你感覺身旁的人都不尊重你，那就省思一下你如何不尊重自己。如果你感覺生活週遭的人都拋棄你，那麼花點時間想想你是否也選擇了拋棄自己。如果你想要改變別人對待你的方式，那麼就從改變你對待自己的方式開始吧。學著無條件地接受自己，那麼身旁的人也會開始慢慢地接受那樣子的你。你選擇對待生活的態度，自然地會影響他人對待你的態度。想要創造你一直想要的生活，就從對待自己的方式開始吧。

愛自己真的那麼難嗎？

·對應頻道168集·

諮詢這麼多年來，最常被問到的問題就是：「為什麼我到現在還遇不到我的真命天子／天女？」「為什麼我明明知道他們是愛我的，但我就是怎麼也感受不到愛？」「為什麼我老是吸引到不對的人？」「為什麼我老是找到不喜歡的工作？」「為什麼我老是交到不好的朋友？」「為什麼我到現在還是很討厭我的生活……」

我不知道要重覆幾遍才有辦法讓大家理解：你是你宇宙的中心。這個意思就是說，今天不管在你生命中發生了什麼事，無論好壞或是壞事，全都是由你吸引而來的。既然這世界上的任何事物都會因為你的磁場而被吸引來的話，那麼你一定要是個「對的磁鐵」，才能夠吸引來對的事物，不是嗎？如果你的一輩子老是在當別人、做自己不喜歡的事、成為自己不想要成為的人的話，那麼你又怎麼可能吸引到對的東西呢？又怎麼可能會吸引到對的人來愛你呢？如果一個人都不懂得愛自己的話，那麼全世界又有誰會懂得愛你呢？又或者是一個根本不知道愛自己是什麼感覺的人，即便有一百個男人全都站在面前說愛你好了，你又怎麼可能會感覺到愛是什麼呢？一個不懂得愛自己的人只能假設被愛應該是什麼樣的感覺，他們會用現實的標準來模擬愛情的情境，以致於在戀愛的過程裡會不斷地將種種行為與愛情劃上等號。就好比說，他們會覺得天天黏在一起叫愛，買禮物給我、帶我去吃飯也叫愛，隨 **Call** 隨到也叫愛（這應該叫急診專線吧 **XD**）。不會愛自己的人會隨便地將看到聽到的事物與愛情劃上等號。

沒錯，「愛自己」真的很難，我從來沒說過這是一件簡單的事。我們從小就是活在一個充滿批判的社會。我們從很小的時候就不斷地被人指出，要如何做才可以做得更好。人們總是拿著隔壁小王考的一百分成績單來跟你好不容易才考到的八十分做比較。人家隨便跑就是冠軍，你跑得要死不活依然是最後一名。人們隨隨便便就月薪百萬，你卻加班熬夜還賺不到三萬元……。我們從小就不斷地被拿來比較，不斷地被告知我們只要再努力一點就可以更好，只要再漂亮一點就會有更多人追，再長高一點就可以走伸展台，我們只要稍微這樣就可以那樣……，在這樣的環境下長大的我們，要懂得愛自己自然是不可能的。因為不管我們有多努力，這個世界上永遠有一個我們怎麼比都比不過的人。好像好不容易達到了一個標準，又有下一個目標成為與我們比較的對象。我們無時不刻地選擇在第一時間批判自己，因為這些聲音都是我們的環境從小到大投放給我們，也是我們耳熟能詳的。小時候聽家長不斷地重覆同樣的句子，使得我們即便搬出了家裡，腦子裡也會無限地重播他們曾經批判我們的句子。我們小時候努力想要達到的那個目標，如今全都因為還到達不到而成了貶低自己的理由。沒錯，「愛自己」很難，你們常常說不知道要怎麼愛自己，但為什麼當我問你為什麼不愛自己的時候，你卻可以冠冕堂皇、毫不費力地給我二百個理由（我不愛好、不夠漂亮、不夠聰明……）？這難道不是你時時刻刻提醒著自己多麼不值得讓人愛的證據嗎？

我不是在訓斥各位。因為這個過程對我來說也不容易，所以在我用心地去領悟這其中的道理之後，我才發現這個社會出了問題。社會總是不斷地教育著我們，愛自己是自私的，我們應該無私地把愛給予大眾，我們投胎就是為了學會愛，並且把愛傳送給其他人的……。但是說真的，一個連自己都不知道該怎麼愛的人又怎麼能夠去愛別人呢？又怎麼真實地知道被愛是什麼樣的感覺？又怎麼有辦法向其他人傳遞愛？

所以讓我們再回到基本重點：你是你的宇宙的中心，你的世界裡的主角。如果連你都不懂得愛自己的話，那麼別人又要如何愛你呢？你又要如何去愛別人呢？因為在你真正體驗到愛以前，你對於愛的標準，鐵定也是社會加諸在你身上的觀念。只要他們說什麼樣的行為叫愛，你也就懵懵懂懂、依樣畫葫蘆地傳遞這種愛的感覺，但是就算每一步都照著做了，你依舊沒有感覺到愛與被愛。此時，你就只能更加盲從地去附和社會上的種種條件，期望自己能夠透過這樣的行為來感受到愛的真諦。於是，你誤把心動的感覺當做愛，把無微不至的照顧當作理所當然的愛情。

今天我想要給大家一個稍有建設性的建議，那就是「愛自己」真的不如你想像中的那麼難。「愛自己」的觀念或許真的很難懂，但那就如同我之前說的，源自於我們的教育背景讓我們習慣性地批判自己。正因為從小就是這麼被教育的關係，導致我們為人父母之後也用同樣的態度對待小孩。即便我們總是提倡愛的教育，但那也只不過是將我們熟悉的批判嘴臉轉換成帶著微笑地說：「下次要再努力一點才可以像隔壁的小王一樣考一百分喔～」換湯不換藥的做法，讓人更加地對「愛自己」這三個字感到困惑。

我們今天就暫且把「愛自己」這個概念詞擺一邊吧，讓我換個方式來問你。你喜歡現在的你嗎？現在的你是你一直想要成為的那個樣子嗎？很多人都會理所當然地回答我：「當然不是。」那麼我接下來想問的是：「究竟是什麼原因阻止你成為那樣的人呢？」許多人覺得要成為自己喜歡的樣子必須要投入大筆的資金，但其實不然。每個人都有偶像對吧？今天不管你的偶像是誰，他一定有某些行為舉止或特質是你特別欣賞的。可能是他說話的自信，也可能是他一貫而終的禮貌，可能是他言行合一的態度，也可能是他對某種信念的堅持。今天如果有個偶像讓你做為標準的話，你就可以隨時用來反省自己的言行舉止是否符合那個偶像會做出來的事。例如他會說出這樣的話嗎？會做出這樣的事嗎？是否會為了這些微不足道的事來擔心自己的不完美？又或者是會為了旁人的流言蜚語來改變自己的信念？透過每天這麼一點一滴的提醒，你的人生自然會因此改變。從小的地方開始改善，讓自己慢慢地成為想要的樣子。不管你的偶像是誰，你只需要自問：我現在的樣子與我想要成為的那個人一樣嗎？就像沒有偶像的人，也可以就地為自己編造一個，創造一個可以看見自己達到的未來。

假設從現在開始，你的人生就像是一張白紙，你所寫下的任何一件事都會真真切切地成為你的未來。那個未來的你不會受到你過去任何背景的影響，也不會受到任何的限制。不會因為你沒有錢就不能夠成為那個樣子。你的靈魂一直想要成為的人，是不需要透過任何外在物質來呈現的。也就是說，今天就算你沒有錢、沒有男朋友，你也可以成為那樣子的人。你想要成為一個自信的人，自信是不需要金錢與伴侶來佐證的。在那張白紙上，你想要成為的每一個樣子，都不需要透過任何外在物質來達到。那麼現在花點時間想想，如果任何你寫在白紙上的模樣都會成為你未來的樣子，那麼你是否有仔細認真地思考過：自己究竟想要成為什麼樣子的人呢？

如果你很清楚地知道自己未來想要成為的樣子，那麼讓我再換另一個方式問你：你現在每天過的日子，是否是你一直想要成為的那個人的模樣呢？我相信很多人會跟我說沒有，但這並不是一個不好的消息，反倒表示你有許多的空間。如果你從來都沒有這麼試過的話，那麼就從明天開始，假裝自己已經是那個人的樣子。在英文裡面我們叫它「**Fake it till you make it.**」指的是透過一點一滴的假裝，你總有一天會真的變成那個樣子。這個世界上鮮少有人可以什麼事都不做就不勞而獲的，這也違反了你之所以選擇投胎的目的。沒有演員可以在什麼事都不做的情況下得到奧斯卡金像獎，自然也不會有什麼事都不願意去做就活出精采人生的人。如果清楚地知道自己的目標在哪，那麼就從講話的遣詞用句、坐姿以及走路的姿態開始改變起，也可以從你吃的東西開始下手，也可以開始健身運動。你可以選擇在面對恐懼的時候抬頭挺胸，也可以在膽怯的時候選擇勇敢。若是沒有清楚明確的目標，那麼就選擇一個你崇拜的偶像來當作模仿的對象。任何的習慣都可以透過連續做個二十一天得到改變，所以如果你不知道自己要練習多久，持續練習二十一天會是一個很好的開始。到了二十一天之後，你發現自己喜歡新的你而想要讓這樣的習慣定型的話，那麼再堅持三個月就可以看見成效。那個時候的你就會發現這起初需要時時刻刻提醒自己的行為，似乎已經透過練習而成為一種不需要經過腦子思考就主動知道該怎麼反應的習慣。而那張白紙上的人也會開始慢慢地取代你一直不喜歡的自己。這一連串的動作便是練習「愛自己」最好的方式。因為你正努力地試著尋找自己，並開始讓自己成為你靈魂一直想要成為的那個人，這種感覺是沒有任何人可以形容給你的。

這個社會不斷地教育你要有「愛自己」的理由，但事實真的不是這個樣子。因為靈魂要學會「愛自己」是不需要任何理由的。愛是一種振動頻率，是不需要任何條件便可以達成的。你可以做一件全世界的人都覺得很特立獨行的工作，但只要你的內心是喜悅的，你就可以感受到愛的存在。再來，責備自己一輩子的你也該學著放過自己了吧？這個世界要你多賺一點錢，長高一點，皮膚白一點，瘦一點，才會有人愛。讓你把自己搞得要死不活的，還遲遲得不到人家的愛。明明想當一個有什麼說什麼的人卻老是把話吞進肚子裡，明明想當一個自在的人卻老是在意別人的想法和看法。難道在夜深人靜的時候，你沒有感覺到自己精疲力盡嗎？那個人人希望我們成為的樣子，真的是我們心目中一直想要成為的樣子嗎？在吃力又不討好的情況下，你真的快樂嗎？

我想要讓各位站在另一個角度來問問自己：「我究竟想要成為什麼樣的人？」這個人生由你主宰，而你的未來也是由你編寫。在這樣的情況下，你想要活出什麼樣的人生才不會讓自己的靈魂覺得有所遺憾與後悔呢？既然前半輩子都試著在取悅他人，那不如後半輩子試著取悅自己吧，成為靈魂會感到驕傲的人。此外，大家應該都有注意到宇宙會一直把功課丟到你的面前，直到你願意正面應戰為止吧？所以有精力的時候就把功課拿起來做，不要總等到被逼得走投無路了才怨天尤人地抱怨功課好難。功課是在精神狀況佳的時候做才會得到最大的效果，精疲力盡的人反而是很難找到方向的。

這篇文章用簡單的例子跟大家分享「愛自己」的觀念。「愛自己」就是讓自己成為靈魂一直想要成為的模樣。而那個人是不需要任何附加條件、外在因素也可以達成的。如果不知道怎麼開始，就先找個偶像做榜樣，從明天開始一天一天地練習。練習個二十一天就可以讓你養成新的習慣，持續個三個月就可以讓那樣的習慣開始定型。**Fake it till you make it**，這樣的堅持總有一天會讓你成為你一直以來想要成為的樣子。此外，愛是一種不需要任何條件的振動頻率，就算你跟我不一樣，我也可以給予以及感受愛。所以不要讓這個苛刻的社會給說服了，讓你相信自己沒有達到完美的標準就不值得被愛。我真心希望你的人生可以愈來愈好，慢慢地寫出你一直想要的劇本。你是你宇宙的中心，今天要成為怎麼樣的主角，要演什麼樣的劇本，都應該由你來決定。不要將掌控自己人生的權力全部交付到別人的手上，也不要總是等著別人來救贖。被愛的感覺從你學會珍惜自己開始，一個珍惜自己的人不會允許別人的踐踏，更不會允許他人的虐待。正確的心態才是愛自己最實際的表現喔。

愛自己只是個開始

·對應頻道169集·

在靈性覺醒的時代，「愛自己」這三個字似乎成了坊間千篇一律的用語，也是所有追求靈性者的標準答案。好像靈魂之所以投胎為的就是走到「愛自己」的終點。今天想要透過這一篇文章跟大家分享，為什麼我覺得「愛自己」非但不是終點，反倒還只是個開始。

在很久以前的文章就已經跟各位提到過，靈魂之於身體的互動其實就好比是一顆會走路的燈泡一樣。如果燈泡的外殼代表的是你的身體的話，那麼靈魂就像是燈泡裡的光源一樣。而光源可以觸及的距離以及它本身的強烈度則是取決於靈魂自身的能場上。所以即便在現實中，我們的肉眼無法看到靈魂的存在，但是靈魂實際可以影響的程度卻是遠大過於肉身所可以包覆的。如果大家能夠了解這個理論，那麼一定也可以理解靈魂一旦失去肉體的包覆，它能場本身的好壞與強弱自然是無所遁形的。不像人覺得心裡的話只要不說出來就沒有人會知道，在靈魂的狀況下，你的起心動念都會在瞬間眾所皆知。也就是說，如果今天你是一個自卑的靈魂，那麼這樣的感覺在靈魂的狀態下就會直接顯現在大家面前。雖然在現實生活裡面，身旁的人可能看不出來你的自卑，但對自然萬物來說，你身上所散發出來的能量卻是顯而易見的。所以在我們正式進入主題以前先要了解的兩個點是：一、你的靈魂是一個會自我發電的能量體。二、在靈魂的狀況下，你的起心動念都是無所遁形的。

如果各位了解上述的兩個觀點，那麼你們應該就會知道「愛自己」有多麼地重要。因為所謂的「愛自己」就像是在確保自己的發電器能夠維持穩定的能量輸出。就好像人必須在平穩的地面上才站得穩一樣，一個不夠愛自己的人其實是站不穩的。如果你懂得愛自己的話，你就會開始了解自己的價值，而不會因為他人的意見而動搖自己的原則。別人的批判以及認同與否也不會改變你的標準。你會透過不斷地收集你欣賞自己的地方，而不是隨著外在的言論而一直去找尋可以批評自己的地方。也是透過自己的能場愈來愈穩定的時候，你的發電機所散發的能量自然而然地會愈來愈強大。所以「愛自己」的行為就像是去替燈泡插電一樣，要是一個人一直找不到插座在哪裡的話，那麼它自然而然地不能夠發光。

所以在了解自己以及愛自己的過程當中，靈魂的潛能就會因此而被最大化。這個意思就是說，一旦燈泡找到了電源插座，便可以隨著周遭環境的需要，自由地轉換自己的電力瓦數。可以是五瓦，也可以是一百瓦。所以我才會常說「愛自己」其實比較像是個開頭而已，也就是找到插座的這個過程。當一個人還沒有辦法愛自己以前，他不會看到人生中好玩有趣的事，只會著重在那些讓自己痛苦的回憶裡頭。由於燈泡沒有辦法找到電源但又總是不斷在耗電的情況下，靈魂常常會有種無能為力又精疲力盡的感覺。但是一旦找到愛自己的基礎之後，往往就會開始體驗顯化實相的喜悅，也是會在這時候開始感受到所謂的吸引力法則。這個時候的你會知道如何運用自己的意念去顯化實相，也會開始吸引對的人事物到自己的身邊，而那些不喜歡你或是否定你的人事物也自然而然地會從你的生命中退去。這全都源自於你找到愛自己的方法，讓自己的能量永遠在充飽電的狀態。

同樣地，我常常建議各位跳脫二元的思維模式。常常有很多人會說自己根本不需要學會「愛自己」，只需要學會跟高靈溝通，請求祂們的庇佑就可以了。我們是活在一個多元的世界裡面，光是感官就有最基本的五種，在這麼多次元的空間中，我們不能再以非黑即白的態度來看待這個世界。就算你相信學會「愛自己」只不過是種浪費時間的行為，你認為應該學習的是如何靈魂出竅以及與高靈溝通，那麼你可以換個角度思考：一個連自己都不愛的人要如何與其它的靈體溝通，又怎麼能確保自己所連結到，抑或是接觸到的靈魂不會傷害自己、操控自己呢？同頻相吸的道理是靈魂不變的定律，有什麼樣的靈魂自然會吸引什麼樣的能場，那麼不懂得愛自己的靈魂不是理應會吸引到不懂得愛你的高靈嗎？

學習成為自己的靈魂想要成為的那個人，並學習了解自己真實的樣子，在不理會他人意見的情況下，全然地接受自己的優缺點。在這個過程中，你也會同時間學到如何尊重別人以及愛別人，因為在愛自己的路上你學會接受自己的不完美以及種種缺陷，自然也會懂得接受他人的不完美。你會了解每個人都有屬於自己的道路，也需要自己的空間與時間，也正因為對自己多了一點點的耐心與關心，使你慢慢地對周遭的人事物產生相對的同理心。在這個來來回回實驗的過程中，你會不自覺地跟著成長，進化的速度也會加快。因為你會了解找到自己的定位有多麼地重要，所以當你聽到不同的意見與想法時，你不會急著想要證明對方的錯誤，因為你會開始用他們的立場來思考他們的言行背後的意義。正因為你希望別人尊重你的選擇，以致於你也會開始去尊重別人的選擇。這個轉換的過程真的需要你親身去實驗才可以得到領悟，也才有辦法慢慢地找到愛自己的方式，進而為自己的能量插上無限供應電源的插座。到那個時候，你自然不會再理會身旁的流言蜚語，而是專注地活出自己想要成為的模樣。

如果你了解靈魂在沒有肉體的情況下就無所遁形的話，那你就會知道所謂的「愛自己」其實就是找到自己的核心價值。當一個人的核心價值穩固的時候，自然不會受到他人的影響而搖擺不定。我們知道自己屬於的地方，在學習尊重自己的同時也懂得尊重他人，在看待事情時會更泰然。你會知道所有事情的發生都是一股推動成長的力量。難道各位都不好奇為什麼我們會一而再、再而三地選擇投胎嗎？難道我們選擇投胎真的只是為了受苦受難嗎？難道每一次的輪迴都只是為了要體會生不如死的命運嗎？這也難怪我們都相信自己得要跳脫輪迴之苦才叫解脫。試想，如果這些理論都是真的，那麼當靈魂在全知的狀態時，又為什麼會選擇再一次投胎呢？在輪迴投胎了幾千年之後，難道靈魂一點長進都沒有嗎？靈魂的狀態是全知的，他們所看到的遠大過於人類狹隘的眼界所能衡量的，如果輪迴的目的真的就只是為了受苦，我相信你的靈魂絕對不會選擇投胎。

今天希望藉此文章來解除各位的一個迷思：輪迴不是苦的。因為我們在靈魂的狀態下都有一個遠大的抱負與理想，也知道我們該怎麼做才可以達到「一」的境界，我們甚至可以在不受到時間與空間的限制下自由穿梭。既然身為靈魂就已經幾近無所不能了，究竟還有什麼事是不能做的？靈魂雖然在感知上無所不能，但卻缺乏實體上的感覺。因為你們所熟知的五感其實是需要透過接觸與感觸而產生的。在這個世界上的種種生命體都被賦予了一種被我們當成理所當然的特權，那就是我們的感官。因為感官的存在讓我們產生感覺，進而有所感受，我們所體驗到的真實是我們在靈魂底下體驗不到的。在靈魂底下的你可以空有抱負、理想以及遠見，但我們也同時知道一個從來沒有實踐過的理想就永遠只是一個理論而已。那個感覺就像是任何哲學家所提出的論點在還沒有被執行以前永遠都只是一個理論，然而這個理論可不可行、實不實際，一定得要落實之後才會知道。這也是為什麼我們選擇投胎成為一個有感覺的生命體，透過感覺與感受以療癒我們在靈魂底下所感受到的不完美，透過實踐靈魂底下所產生的理想去調整自己的不切實際。生命不單單只是為了存在，而是實際地去感受這世界的種種，包括春夏秋冬、喜怒哀樂，我們能夠感受的真的很多，以致於我們可以學習的機會也相對地提高。我們之所以投胎是希望透過學習來療癒自己的靈魂，絕對不是來受苦受難，證明我們有多麼地不堪一擊。生命是唯一可以讓你們透過互動來感覺以及感受的，也是我們唯一可以用來療癒自己的方法。所以不要再認為自己是來受苦的，你是來讓自己成為一個更好的靈魂，藉著感受來療癒舊有的傷痛，讓自己變得更有自信、更勇敢。那些你累世所遺留下來的恐懼，都可以藉由你的成長而得到療癒。因為你的靈魂清楚地知道，任何沒有被實踐過的觀念永遠都只是一種不切實際的理論。這也是為什麼你選擇來投胎，重新透過體驗來讓自己有機會成為你一直想要成為的人，拒絕讓恐懼來掌控你的人生。

「愛自己」真的只是個開始，而不是你人生的結局。有些人才剛剛學習「愛自己」時就感受到世界的美好，但相信我，那還不是你最好的結果，因為它也只是個開始。所謂的「愛自己」是了解自己、珍惜自己，一旦人們找到自己的定位之後，所有的事情都會變成可能。更重要的是，我們將會有足夠的勇力與自信去克服人生中種種的困難。輪迴不是一件苦差事，而是一種特權。它可以讓我們的靈魂所感受不到的感覺透過肉體的存在與觸碰去體會到全然不同的感受，進而顯化所有的理想與抱負。把這個人生當作是讓你的靈魂能夠一展長才的平台，而不是讓你水深火熱的深淵，如此你才可以慢慢地顯化你一直想要的未來喔。

最讓我受不了的句子

・對應頻道 171 集・

有一次跟朋友聊天，她提到這世界上最讓她受不了的句子就是別人跟她說「妳做不到」。她不能理解為什麼人們總喜歡將自己的恐懼反射在她的身上，所以問我為何人們會講出這樣的話。或許是因為我們兩個人的個性很像，所以面對這樣的問題時，我也沒有辦法回答，因為我同樣討厭「做不到」這三個字，不管是針對我，還是用來形容自己。

朋友說因為每每只要聽到這個句子，她就更想要向他們證明自己有做到的能力。也正因為這樣的心態，讓她突破許多人生中的挑戰。就拿她所經營的保險公司來舉例好了，在加拿大的保險經紀人是依照等級來決定他們可以處理的保險項目，國家在近期又訂立每一個等級都需要經過國家考試驗證的新規矩。因此她希望公司裡的保險經紀人都考完三個等級的國家考試，好在未來可以服務更多的客戶。但公司裡的每一個保險經紀人只要一聽到第三級的考試，就個個愁眉苦臉地抱怨那根本沒有人做得到，又或者是跟她說那個考試非得要準備一年以上才有極小的機會可以考過。為了證明這句話不是真的，她特意自我挑戰在極短的時間內考過了最後兩個等級的考試，好向公司的經紀人證明這些考試並不如他們想像中那麼困難，卻沒有想到這麼做完全沒有激勵到任何人，反倒讓人們指出那是只有她才做得到的事，而非一般人可以達到的標準。而我的朋友也因為這樣的反應感到更加沮喪與生氣，覺得那不是因為自己與眾人不同，而是大部份的人連第一步都不想去做就選擇放棄。

在朋友抱怨的當下，我發現自己同樣也有一句會踩到我的地雷的句子，那個句子叫做「我什麼都做不了（**There's nothing I can do.**）」。小時候的我可能會因為人家指出我做不到而硬著頭皮去幹，只為了證明自己可以。但是到了現在這個年紀，「你做不到」對我來說根本就沒有任何的影響力，因為我根本不需要證明給任何人看。我清楚地知道自己的能力在哪裡、是什麼、會什麼，而不會因為他人對我有任何的期待就強迫自己去做不喜歡的事，更不會因為他人的激將法就改變自己的原則。我們兩個人的句子有小小的相似點。我真的受不了人們老把「我什麼都做不了」掛在嘴上。今天他們口中說的「做不了」的事往往不是一項新的技能，也不是新的證照什麼的，反倒是最常出現在他們的日常生活裡面的大小事。像是有自閉／過動／恐懼症／情緒化小孩的母親，常常只要提到自己的小孩就想也不想地說：「我拿他沒辦法，我什麼事也做不了。」

我們很常將自己生活的權力全部交付給那些權威人士。這裡的「權威」可以是你的父母、上司、醫生、律師、國家政府，更甚至是宗教／上帝等等。也因為習慣了總有更龐大的力量在支配著我們，導致我們在面對任何問題的時候常常開口就是：「我什麼事都做不了」，並用相同的態度來面對生活中的種種困境。這樣的思考模式是透過幾千年的教育被傳承下來的，因為遠從帝王時代開始，平民老百姓就一直生活在一人獨大的環境中，自己的性命生死支配於帝王的個人喜惡之間。這使得人們開始產生所謂的奴性，習慣性地奉獻自己的生命去服侍一個人。而這樣的心態隨著社會的發展，我們所服侍的對象從帝王擴大到宗教、專業、權威、公司主管、家長、另一半……。我們在自己的生活圈裡，不斷地創造出一層又一層的金字塔社會，也不斷地創造出讓我們感到無力的更高存在。諸如小孩被判定為自閉症的父母不知道該如何面對這個疾病，在公司領死薪水的員工不知道該如何面對時常要求加班的老闆，又或者長期受到家暴的妻子離不開會暴力虐待的老公等等。「我什麼事都做不了」無論是在東西方國家都讓我覺得格外地刺耳。

我其實是一個不相信「什麼事都做不了」的人。因為我今天要是有這樣的信念，那麼這一路的靈學旅程走下來，我相信今日的自己還是一無所知，因為我只會相信我被告知的一切，而不覺得自己可以做些什麼。那樣的觀念會讓我相信自己對鬼無能為力，因為他們摸不著也捉不到，導致我只能任由他們擺布。當人們開始相信自己什麼事都做不了的時候，就真的會讓自己落入什麼事都做不了的局面。

我要與各位分享的是：在這個宇宙裡，永遠都有你可以做的事！這件事可能不是以你想像的樣子呈現，或是你原本預期的結果，但在你自覺無能為力的狀態之下，鐵定有你可以為這種無力感做點什麼的事。就拿自閉症的小孩來舉例，大部份的人覺得自閉症的小孩都活在自己的世界裡，不懂得與人群互動與溝通，醫學上也沒有根治自閉症的方法。所以當他們的孩子被診斷出有自閉症的時候，他們就覺得自己根本沒有能力去抵抗這個連權威都醫治不了的疾病。但這個世界上還是有很多的例子證明，雖然小孩被診斷出有嚴重的自閉症，但是父母們不願意就這麼放棄，反而不斷地尋找方法來面對這樣的問題，不讓社會宣判這個小孩的死刑。所以他們有耐心地教育小孩學習用自己的方式融入社會，走入人群，而我們也因此見證了許多的奇蹟。這些人從一開始就不相信自己「什麼事都不能做」，而是願意憑自己的力量找出自己可以做的事。又好比世界上有許多人一旦被醫生宣判得到癌症之後就自暴自棄，因為覺得自己什麼事都不能做。但也有很多人覺得既然都被宣判死刑了，那倒不如在剩下的日子裡好好地活出自己，進而透過精采的生活來反轉癌症。這些人都堅信，或許他們沒有任何的解決方法，但還是可以從另一個方向著手為人生做出一些改善。

容我再說一遍：這個世界上永遠都有你可以做的事。它不一定會符合你的期待，也可能不會以你想要的方式發生。但除了你眼前所看到的這件事情以外，鐵定還有別的你可以做的事。就好比我常常聽到客戶們抱怨自己在同一家公司工作了好幾年卻從來沒有被加過薪，他們因為知道自己一定會被拒絕而從來不敢跟老闆提加薪。當建議他們離開不喜歡的工作時，他們又拿自己必須賺錢養家糊口做為藉口，而選擇繼續待在讓自己生不如死的工作裡。沒錯，在工作上你或許沒有可以改變的地方，但是你可以去找自己喜歡的工作，也可以在閒暇之餘做點自己喜歡／想做的事。要不然，**不做任何改變，根本就不可能會創造出不一樣的結果**，就算是五年後，自己還是在做著相同的事，領著同一份薪水，抱怨著相同的事。

當一個人說「我什麼事都做不了的時候」，他就等同是給自己判了死刑。因為一個什麼事都做不了的人生，絕對不可能會創造出讓自己滿意的結果。其實不是你真的什麼事都做不了，而是你決定「我不想要對這件事做任何的改變」。你問話的態度決定了你是想要任憑命運的宰割，還是要由自己創造命運。每一個人都是自己宇宙的中心，不管你的人生被賦予什麼樣的安排，走出什麼樣的結果絕對是完全掌控在自己的手裡。所以當各位捕捉到自己又不小心說出

「我什麼都做不了」的句子時，是否可以暫時讓自己脫離那個情境自問：「我真的什麼事都做不了嗎？還是我不想要做任何事？」相信自己什麼事都做不了的人把生命交付在他人的手上，由別人來決定自己可以做什麼以及不能夠做什麼，自然不可能活出想要的結果。在你就是你的宇宙的中心的前提之下，如果連你都不願意做任何改變，又有誰可以替你做出改變呢？正因為是在這種無能為力的情況下，你才更需要為自己的行為負責。也就是說，與其說自己什麼事都做不了，你更應該認清的是自己根本不想要做任何的改變——不想浪費自己的時間，不想面對自己的膽怯，也不想要挑戰自己的恐懼……。人要有病識感才有辦法醫病，在沒有意識到自己的根本問題之前，就沒有辦法做任何的改善，就如同沒有覺知之前是無法進化的。

一旦有上述的自覺之後，再問問自己究竟想要什麼樣的未來。是否寧願一輩子讓自卑、恐懼、不安全感夜以繼日地折騰自己？真的什麼事都無能為力嗎？還是自己壓根兒不想去做？不想做是因為缺乏安全感？還是因為你根本就不在乎？如果連自己都不想要為人生負責，又怎麼可以期望他人來為自己負責？至少先讓自己產生覺知，之後才有可能決定要不要做任何的改變。

如果我從一開始就相信自己什麼事都做不了的話，根本就不可能會成為今天的我。畢竟我不但出生自一個極度扭曲的家庭之外，還每天都看得到鬼，就更容易產生焦慮與不知所措的無力感。如果我被環境說服了而相信自己什麼事都不能做的話，我簡直無法想像今日的我會變成什麼樣子。就好比長期處在丈夫的家庭暴力下，覺得自己除了被打之外什麼事都不能做的妻子，在年復一年之後又會變成什麼樣子？你的宇宙必須由你來決定，就算是一手的爛牌也可以打出精彩的人生，這全都來自於每個當下的你是決定將自己的權力交付出去，還是掌握在自己的手裡。不要讓自己活在一個什麼事都做不了的世界，如果覺得外在限制了自己的選擇，那就靜下心來好好地想想，還有什麼事情是自己可以做的。透過一點一滴的改變，相信你也可以漸漸地開創出屬於自己的道路。

我相信每個人都有一句讓自己最受不了的句子，只要一聽到就全身不由得激動了起來。你可以好好地想想這個句子帶給你什麼樣的啟發。我相信它不單單只是一句抱怨，很可能也是促使你推動自己人生的重要關鍵。朋友因為討厭別人說她做不到而讓自己去挑戰極限，我也因為人們抱怨自己什麼事都做不了，而不斷地想要從所有的困難中找到自己可以做的事。所以你所討厭的句子，很可能也是造就你今日成就的一種動力。這種動力往往可以在你對人生感到迷惘的時候，給你一個明確的方向，也會促使你的未來發生。希望這個小小的分享，可以讓你們察覺到自身從來沒有想到過的力量喔。

表達自己與意見很多的差別

•對應頻道 172 集•

不知道在大家的觀念裡，「表達自己」與「發表意見」是否有任何的差別？在諮詢中，我很常建議人們要試著「表達自己」。一直以來，我以為大家都很清楚地知道「表達自己」的意思，但直到最近我才發現絕大多數的人對於「表達自己」都是一知半解。有個朋友帶了她的朋友來找我諮詢，當我建議她要表達自己的時候，她斬釘截鐵地回答：「有啊！我有什麼意見一定會說出來，絕對不會放在心裡！」在那個當下，我只覺得這個客戶的用詞有點奇怪，但說不清怪在哪裡。好在朋友即時現場轉譯，因為了解我們兩個人各自想要表達的想法，於是她轉頭向另一個朋友說：「妳根本就不會表達自己，妳只不過是個意見很多的人！」這才讓我意識到這兩者的差別。

雖然我自認為是個意見很多的人，但是在諮詢的時候，我卻很少用到「發表意見」這個詞，原因在於我清楚地知道這兩者的不同。也是因為這個例子，讓我在接下來的每個諮詢中，清楚地感受到原來當我說「表達自己」的時候，人們往往會自動將它理解為「把自己的意見說出來」。也難怪他們的直覺反應總是：「有啊，我是一個意見很多的人啊，我只要一有意見一定會馬上說出來！」所以我想要藉由這個章節與大家分享「表達自己」與「發表意見」的差別。

對我來說，「表達自己」與「發表意見」是兩件完全不一樣的事。「表達自己」算是靈學旅程中的基礎課程，一個人要心口合一地對外傳達自己真正想要的表達的，才有辦法正確地向宇宙下訂單。我常開玩笑地說任何沒有被印證過的想法永遠都只是一種哲學家的理論，這種理論往往需要透過執行之後才能夠驗證它的可行性。靈修之人很喜歡到處鑽研各式各樣的大道理，但真正能夠落實在現實生活的少之又少。就如同人們很容易為了一些從沒有得到印證的流言蜚語而大動干戈，拚命地想要發表自己的意見，卻鮮少省思自己這麼激動的根本原因究竟是什麼。

此外，不知道各位有沒有捕捉過自己想太多的時刻？就是明明什麼事都沒有發生，可能只是對方的反應不如你預期，你就不自覺地內心小劇場大爆發，像是在演八點檔或宮廷劇，自編自導地想像著對方在做什麼、會說什麼以及會有的反應。往往搞到自己好幾天睡不好覺之後，才發現從頭到尾都只是自己想太多？但其實如果自己內在的想法在一開始就被表達出來的話，或許根本就沒有後續的宮廷內心戲可言。話雖如此，大部份的人還是習慣讓自己真正的情緒在內心不斷地發酵，等到終於說出口了，卻大多是腦子裡的胡思亂想發酵後所產生的情緒罷了。由於靈魂的獨立個體性，每一個人都有屬於自己的想法與看法，往往需要在表達出來之後，透過彼此的溝通協調才有辦法真正地了解對方。同樣的道理，當人們真正地表達出自己內心的想法與感覺時，才有辦法透過溝通來印證自己內在的小劇場是否屬實以及是否有需要改正的地方。也是在這個過程當中，慢慢地修改自己的心態以及尋找改進的方法，而更加地了解自己，知道自己要什麼、不要什麼，進而為未來調整出更實際的作法。所以當一個人在追尋著要如何愛自己、找到自己、克服功課以及達成人生目標的時候，你會發現學著「表達自己」是最基礎的功課。「表達自己」多半是以內心為出發點，清楚地審核自己內心真正的感受。「發表意見」多半是自己對於外在事物（無論印證與否）的看法以及觀感，發表的言論大多是透過邏輯在支配。

所以當我建議各位要學著「表達自己」的時候，不是要各位一味地表達自己對任何人事物的不滿以及觀感，而是花點時間去感受自己的體驗與情緒，並試著用最合適的語句把它們陳述出來。那些讓你興奮的事、那些讓你話閘子一開就停不下來的主題、那些在體驗生活後的種種領悟與感受，透過表達內心的感受來讓人了解與認識最真實的你。

如果你還不知道自己是個會表達自己還是意見很多的人的話，在這裡給各位一個小小的方向。與其試著一味地傾訴自己的不滿與不喜歡，試著花點時間與自己的內心做連結，並學著用最適當的語句來表達那樣的感受。透過這個練習，你會慢慢地發現自己最真實的那一面，也會開始意識到自己的語言如何創造出實相。就如同「愛自己只是個開始」一樣，你所說的每一句話都應該如實的代表你是誰、是什麼、要什麼，這才有辦法幫助你了解自己的功課，以及要如何達到自己的人生目的，進而成就最理想的自己。也因此，**在「表達自己」的句子裡，大多都是以「我」做為出發點**。正因為你才是你的宇宙的中心，所以「表達自己」的詞句多半是繞著自己轉的。但這並不表示我們就可以口無遮攔地暢所欲言，一廂情願地把自己所有的不喜歡都傾倒在他人的身上。任何溝通都必須以尊重他人為基礎，你會尊重別人與自己有不一樣的選擇。因為愛自己，學習照顧好自己以及了解自己，所以在過程中自然也能夠以同理心去理解他人，更不會將自己的喜好強加在他人身上。即便遇到理念不同的人，也能夠以尊重的態度去表達自己的感覺，無論是個人喜好、看法、宗教信仰、性別喜好、政治立場……，我們會了解每一個人來到這個世界上都是以一個獨立個體的身份，走著屬於他們自己的道路。也正因為理解，所以我們的口氣中自然而然地會少了份攻擊的態度。就好比別人問你對自己身上的穿著有什麼意見的時候，與其說：「醜死了」，你或許會說：「這不是我平常會穿的衣服，但它很適合你。」你會站在對方的角度去思考那究竟適不適合他，而不是單純地因為自己不喜歡而批評他。

當一個人在「表達自己」的時候，他並不需要去在意對方究竟認不認同自

己的想法，他之所以說出來只是為了確保情緒不會積壓在自己的心裡發酵，而不是為了得到他人的認同與配合。我們常常帶著一種期望大家都要了解我們，也要配合我們的態度開口，所以當我們話說出來沒有得到預期的回應時，常常會搞到自己莫名奇妙地一肚子氣。

表達的用意的確可以幫助身旁的人更加地了解我們，但卻不能期望所有的人都會跟我們站在同一陣線上。但若是習慣性地透過言語來表達自己的內在的話，那麼外在的人自然有機會藉此而更加地認識你，進而與你一同改進與成長。也因此，「表達自己」的功課必須由自己來做。透過觀察、聆聽自己，進而找到更真實的自己。

其實除了「表達自己」之外，這社會上更多的是意見很多的人。他們並不是真正地了解自己，只是對這個社會有很多的不滿，覺得自己總是深陷諸事不順的深淵裡，這使得他們對任何人事物有很多的意見，但往往只是為了刷存在感而發表意見，內容大多沒有任何建設性。在這樣的情況下，他們的句子裡便很常用「你」做為開頭。由於不以尊重為前提，所以字裡行間裡總是期望別人照著他們說的話來做，例如：你需要做什麼、穿什麼，要怎麼改變等等的「意見」。在唯我獨尊的心態下，需要改進的永遠是別人以及外在的人事物。他會告訴你什麼宗教、教育、政治立場，性別喜好最適合你，也會不斷地說服你跟他站在同一陣線上。當你與他的意見相反時，他會攻擊你的立場，或是指責你的無知。因為他根本沒有意識到當自己一味地將自己的意見強壓在他人身上的時候，這個行為早已失去了尊重，所以自然無法得到他人的認同與回應，這也使得那些意見很多的人常常覺得自己的話不被聽見。雖然嘴上說他只是在「表達自己」，但實際上卻期待他人因為自己的意見而做改變。舉例來說（這可能是常發生在家人／情侶／朋友之間的對話）：人們在看到稍微髒亂的地方就會順口一句：「你簡直像個囤物症患者（或是，你髒得像頭豬似的）。」當他們開口時不覺得自己說的話有任何錯誤的地方，只是覺得自己有告知對方的必要。但是當別人把類似的句子用在他們身上時（例如：你滿身的負能量），他們卻立馬覺得自己受到攻擊。**通常一個意見很多的人同時也是最容易受傷的人，因為他們的期待是單向的**。有點像是只准州官放火，不准百姓點燈的心態。這源自於上述的「意見」多半是對外在的邏輯看法，鮮少是以自己的內心感受做為出發點。

所以當我建議各位要「表達自己」的時候，請建立在「以尊重為基礎」的平台之上。你可以清楚地陳述自己的真實是什麼，但也同時理解他人與自己的不同，這可以讓你在聽到與自己相反的意見時，不會在第一時間就覺得自己受到攻擊而去攻擊別人。「表達自己」不是一味地丟出自己的看法，而是在開口的當下，允許他人也有表達自己的空間。即便得到他人指正，也能用較理性的態度去思考對方的意見，而不是一味地攻擊他人。（在這裡，「表達自己」的人會說：「我受傷了」，而「意見很多」的人可能會說：「你也沒有好到哪裡去！」）很多人常常覺得自己只是實話實說，並沒有在攻擊任何人，但是當別人用一模一樣的字眼來評論他們的時候，他們卻覺得自己受到攻擊。我們活在一個慣性批評的社會，這讓我們誤以為口無遮攔地說出自己的「意見」就是一種勇於表達的表現。「意見很多」的人會以自己為出發點，對自身以外的人事物產生評論。所以句子多是以「我」做為主詞，如我的想法是怎麼樣，原則是什麼，出發點又是什麼……，而意見多以他人做為受詞，例如我覺得你應該怎麼樣，你要吃什麼，你要怎麼處理這件事……等等，往往也會期望他人的回應與配合。而「表達」只是為了抒發自己的感覺，但並不期望他人的配合，所以句子裡不會有其它主詞，自然也不會對任何人有所期待。

習慣性地向外傾倒自己的意見，往往會造成身旁的人漸漸地拒絕聆聽，因為「意見」多半是帶著批評指教的言論，背後多少也有攻擊的動機。習慣身為追隨者的人通常也會有這樣的生活態度，因為在無能為力的情況下，他們不會第一時間去思考解決的辦法，只會覺得外在的環境讓他們陷入什麼事都做不了、只能抱怨的份上。所以在他們的意見裡也不難聽見別人有多差勁、社會有多糟、國家有多需要改進等等。若是想要跳脫跟隨者的身份而成為一個領導者的話，那就必須學著有覺知地去思考自己的動機是什麼，以及謹慎地審核自己的言語。若是單純地想要表達自己，那麼就必須了解尊重的原則，就算有任何的意見，也不會一味地批評他人，至少可以給對方一些有建設性的意見，並允許對方有自由選擇的空間。很多人可能在外面受氣了一整天，一回到家就一股腦地將所有的負能量倒在最親近的人身上，但若是有點覺知的話，就會在進門前先花個一兩分鐘的時間清空那樣的情緒後再進門。這樣就算不能在很短的時間內完全清空全身的負能量，也會感到舒緩許多。沒有人喜歡聽到莫名的批評，但有建設性的意見至少可以讓人感覺你有試著站在他們的立場著想。

在追求靈性的道路上，人們必須先找到表達自己的方法，才能夠透過表達來分享或是顯化自己的實相。所以在表達之前，先了解靈魂的獨立個體性，建立起尊重的平台，再來表達自己是什麼、喜歡什麼，又有什麼事是可以讓你充滿熱情又有動力的，從這個過程中慢慢地找到最適合自己的位子。所以當我建議各位「表達自己」時，我更希望你們可以學著與自己的熱情做連結，深入地了解有什麼事可以激勵自己的靈魂，讓自己的用字遣詞完全地反應出內在最真實的自己。因為與靈魂連結的你，不會說出攻擊人的話語，只會希望透過表達來讓外界更加地認識你喔。記得，我們的言詞會漸漸地顯化成為我們的實相。選擇心口合一地表達自己，不但可以讓身旁的人更加地了解我們，更重要的是，會慢慢地轉換成自己一直想要成為的模樣喔。

你的價值是多少？

·對應頻道 178 集·

有很多的網友都有想要創業，或是經營小生意的念頭。無論是零售還是服務業，相信大家都會面臨到一個問題：我要收到多錢？我的價值是多少？所以這篇文章討論的不是你的個人價值，而是你如何為自己的服務／商品定價。我見過很多的網友擁有自己的小生意（或服務），但常常不知道要跟客人收多少錢，老覺得多收一點就不好意思，又或者是只要稍微有人抱怨自己的價位偏高，就急著降低價格。

我發現，一個人出產的商品價位真的取決於自己的內在價值，也就是說如果你是一個沒有安全感的人，或是覺得自己沒有價值的時候，那麼這種信念就會不自覺地反應在你的產品價位上。我剛開始諮詢的時候，也不清楚自己究竟要收多少費用，在這種情況下，人們最常做的就是市場調查，去研究相似的行情，而不是自己高興訂什麼價格都可以。今天無論你是做什麼生意或提供什麼服務，了解同行的市場價格絕對是個好的開始。因為一旦了解了市場的行情價之後，你才可以根據這個標準做調整，我一開始也是這樣子，再根據經歷以及資歷而推算出市場的平均價格。當然，在這之中不免有價位高低的差別，但別忘了價格的高低往往取決於對自己的能力肯定度。會給自己訂立高價的人，幾乎都是對自己的能力有一定的肯定與自信，所以才敢開口要求高價，這也是我說價位會反應個人內在價值的原因。

我剛開始諮詢時，價格是一次五十元美金，但即便訂好了價格，有人一坐就是好幾個小時，有人則是嫌五十元太貴而硬是要砍個五元十元的。當時我訂這個價位的時候，很多人覺得自己出錢就是大爺，認為讓我在他們身上多花點時間是天經地義、理所當然的事。但任何工作只要做久了就一定會累積出自己的個人經驗，也會慢慢地知道自己的價值在哪裡。所以當我發現五十元已不符合自己的標準時，我開始設定時間限制，每次諮詢以三十分鐘為限。只不過就如同市場上的任何調漲一樣，只要一漲價就一定會遇到嫌貴的客戶，很多人往往會在這段時期質疑自己的價格，甚至為了滿足客戶而妥協調降價位。但是如果單純為了吸引來更多的客戶而調低自己的價格，我發現所吸引到的反而是更多不懂得欣賞自己的人，反而是讓他們個人的價值來決定我的價值是什麼。面對這種連五元都嫌貴的客戶，我可能就算忙到焦頭爛額，也看不到自己的價值在哪裡。將自己包覆在一群貪小便宜的人裡面，無論你付出多少，他們永遠可以挑出不滿意的地方，因為這才能夠給予他們合理殺價的理由。即便你今日提供了半價服務，他們也會覺得太貴，抑或是認定你鐵定在服務上打了折扣才會有半價的優惠。因為他們從一開始就不懂得欣賞你的價值，使得你在與這樣的人妥協之後，也跟著降低了自己的價格標準，覺得自己就只值這個價位。更有可能的是，因為應和他們的價位，使你必須跟著降低自己的品質與標準。很多人喜歡說服你要「薄利多銷」，卻常忘了薄利多銷適用在工廠大量出貨上，而不適用在需要人力、精力的精品／服務上。客製化的商品和服務若採用薄利多銷，很可能會因為訂單量增高而必須降低自己的品質標準。這使得你到最後非但沒有得到應有的合理報酬，很可能會還因為商品和服務不符合自己的標準而讓你開始貶低自己的價值。在做什麼都會被嫌棄的狀況下，你可能會開始懷疑自己做這一切究竟是為了什麼，又為什麼會做到連自己都不喜歡自己的地步。

於是，我重新為自己訂立了一個全新的價位。在仔細地審核了自己的標準之後，我想要維持自己的服務水準，所以拒絕接受那些不懂得尊重我、也不欣賞我的客戶。人們可以繼續選擇抱怨，但並不表示我必須接受這樣的人成為我的客戶。如果今天因為別人抱怨，我就改變自己的標準的話，那麼我根本就沒有時間可以提升自己的能力和生活，讓自己持續提供有品質的服務。因為我想要在能力範圍內做到最好，所以開始懂得拒絕不適合的客戶，也不勉強去做自己不喜歡做的事。我會明確地訂立時間與規矩，讓人們不會浪費我的時間，也不去浪費他們的時間，盡可能地在時間內提供自己所知道的一切。正因為自己開始懂得拒絕，並且不妥協自己的標準，我開始提升了自己的生活與服務品質。再也沒有一坐就是好幾個小時，或是諮詢了幾個小時還討價還價的客戶。我有更多的時間可以照顧家庭與小孩，甚至去探索不熟悉的領域以及挖掘自己真正想要做的事。我不需要將自己活得庸庸碌碌，可以更加地著重在自己想要做的事，優化自己想要提供的服務。也是這樣的態度，我發現自己雖然一開始流失了那些覺得價格偏高、喜歡抱怨的客戶，卻也慢慢地吸引到自己想要的、也懂得尊重我的客戶。

當然，在持續前進的狀況下人是不可能裹足不前的，再不熟練的技術也會隨著不斷地練習而變成專業。因為經驗累積的關係，你可能過了一陣子之後會想要漲價，因為一個人的價位不可能會永遠停留在一個標準上。正常的商人會隨著自己不斷提升的商業品質而隨時更改自己的價位。而且我覺得這跟一個人的年紀也多少有點關係。年少的時候因為經濟能力的考量，總是會想要找物美價廉的 **Deal**，但隨著年紀愈來愈大，會開始願意多花一點錢去買到良好的服務品質。以前年少不懂事，會因為別人嫌自己的價位太高而調整，但隨著自己的年紀愈大，聽到別人抱怨反而會建議他們去尋找更合適的服務。

之所以提出這個問題與大家討論，是因為很多時候各位可能想要創業或做點小生意，又或者是換個工作。當你們想要跟老闆提出加薪，或是為自己的商品／服務訂價時，我覺得你們應該多花一點時間，好好地思考自己究竟值多少錢。因為唯有在你很清楚地知道自己的價值時，你才有辦法為自己所販售的商品以及服務定價。若是你沒有什麼經驗的話，建議你可以研究一般的市場行情價格，進而拿這個標準來做調整。但若是你很清楚自己的價值是多少的時候，就不要讓那些不懂得欣賞你的聲音影響你的價值，你必須思考的是：他們是不是你要的理想客戶群，因為你的未來是希望可以吸引到懂得欣賞你的客戶，而不是為了不懂得欣賞你的人浪費時間。就我的經驗來看，一開始就不懂得欣賞你的人，不管未來你做得再好，他永遠都是不懂得欣賞你的人。

不過當你知道自己的價位，你還是可以不時地回頭審視自己，看看自己是否有調漲的必要。如果不滿意自己的薪水，那麼你要做的不是一味地抱怨，而是思考如何可以讓自己變得更好，可以怎麼樣提升自己以達到你想要的標準。如果你所要求的價格沒有辦法得到他人的認同的話，那麼你需要思考的是：我是不是有進步的空間？這是不是我要繼續發展的環境？又或者是對方是不是我要吸引的客戶？是說這套標準也可以放在感情上，對吧？一開始就對你品頭論足、不懂得欣賞你的另一半，不管在一起多久都不會改掉批評的習慣吧？希望大家都可以找到自己的價值，讓自己的服務與作品得到合理的報酬喔。

咱們來上一堂品牌行銷課

・無頻道對應集數・

這篇文章我們暫時拋開身心靈課題，我想聊聊品牌行銷。我相信坊間有很多專家可以與各位討論品牌行銷，但今日我想就一個視覺設計師的角度與大家分享經驗。每一個做視覺設計的人幾乎都會接觸到所謂的品牌設計，也就是**Corporate Identity Design**，就是當一個企業要創立時，我們必須站在企業與消費者的立場去思考它要打造什麼形象，無論是**Logo**、標籤、包裝，甚至是公司裝潢，都要呈現出一定的形象。然而當在做視覺設計時，我們常常會遇到對自己的品牌一點也不了解的企業，他們往往只要求廉價，而不會注意公司的整體包裝，也不會在意自己所遞出的名片會不會同樣讓人有廉價的感覺。

我想要分享的是：企業形象其實是一件很重要的事。當然，有很多人說自己就只是一人公司，並不需要注意什麼企業形象，傳統的市場觀念也相信企業要夠大才能夠支援形象企劃，但現今網路發達，幾乎每個人都是專屬的獨立品牌，也就是說每個人都要將自己當作是一個獨立品牌來對待。當一個人把自己當作一個品牌在經營的時候，他除了會注意自己的整體包裝之外，也會開始調整自己的言行舉止，進而慢慢地找到自己的價值。

我曾說過每個人對價值的定義是不同的，有人覺得二十元剛剛好，有些人會覺得一千元很便宜。由於每個人的層次與格局不同，所以對於商品的價格自然也有不同的定位。當一個人看不到自己的價值時，他就會不斷地降低自己的標準與期望來吸引客戶，但是不斷地配合市場的低價位要求，自然也會跟著降低自己的品質，更可能會更改自己原本的信念。就如同我之前的經驗，降低價位的行為或許能招攬許多的客戶，但大多會招攬到許多跟你一樣看不到你的價值，也不懂得尊重你的時間的客戶。慢慢地，人們會因為置身在這樣的環境當中，也跟著懷疑自己的價值。

在身心靈的領域裡，很常有人不知道該如何為自己的服務定價。有個好方法是，如果可以把自己當作一個品牌來行銷的話，那麼你就會清楚地知道自己的價位在哪，以及什麼樣的價格是合理的。別人或許會拿其它商家的價位來與你比價，但你會清楚地知道自己的定位，不會單純地為了配合而貶低自己的價格，就像是奢侈品不會把自己的單價拿來跟民生必需品相比是一樣的道理。不過，每個人對於價值的定位不一樣，有些人會願意將錢花在名牌包包上，有人花在演唱會上，有人則會花在上身心靈的課程上……，沒有人的定價可以滿足所有的市場，但是若你清楚地知道自己的價值，就可以為你吸引來與你看見相同價值的客戶。

當你以企業的角度去思考自己的品牌的時候，你就會開始思考自己所要針對的客戶群（**Target Audience**）。首先，他們必須是與你有相同價值觀的人。如果你覺得自己的定價合理，那麼會覺得昂貴的人，自然跟你沒有相同的價值觀，也不會懂得欣賞你所提供的服務。就拿藝術品來舉例好了，很多人看藝術品時只會評價它的材料費，往往不會思考藝術家在創作時所投注的心力與時間，在這樣的狀況下，消費者會不斷地想要貶低作品價格，而創造者則會覺得自己的作品沒有得到應有的尊重與報償。

如果不太確定自己的價格如何標定，那麼可以考慮針對你想要的 **Target Audience** 做市場調查，或者是研究同類型商品大概的價位落點。不是以個人創作／服務來標價，而是要把自己當作企業來看待，自然就會懂得如何包裝與行銷，而不會總是隨著客戶殺價來改變自己的價格，也不容易受到外在的聲音所影響。同時間，你也會試著透過分享去累積自己的作品集來讓你的未來客戶做為參考。如果你所創造的是奢侈品，覺得當下沒有辦法讓自己溫飽的話，那麼你現下要做的，不是專注在開發奢侈品上，而是在同時間開發一條民生必需品的周邊商品，又或者是找一份穩定的工作來滿足你的基本需求，讓你可以在閒暇之餘開創你的個人品牌，等到它上了軌道，再專心在開發它之上。

以前的藝術家是需要等待伯樂的，但在現在的社會，藝術家其實是要靠自己來推銷的。所以今天不管你所提供的是服務還是藝術商品，我真心希望大家都可以用嚴謹的心，把自己當作品牌在經營，那麼你自然而然會慢慢地吸引跟你一樣用心對待你的品牌的客戶，也可以更加地清楚自己的定價與價值喔。

建立出可以代表你的字彙

·對應頻道 180 集·

不知道大家年輕的時候是否跟我有同樣的感覺，就是覺得父母往往把對你的關心轉換成一種責備。像是擔心你每天玩電腦對眼睛不好時，會罵你玩電腦都不懂得休息，擔心你吃的食物不健康時，會罵你都吃些垃圾食物，或是擔心你成天看電視時，會罵你沒有用等等。他們往往將內在的擔心轉換成責備，而讓人覺得自己非但沒有被關心到，還接收到許多的批評指教，好像自己真的一無是處。

我年輕的時候常常覺得父母若是擔心就直說好了，怎麼老是繞著圈子說話。不過，雖然我們年少時總認為自己很有想法，也覺得長大之後會有與父母有不一樣的作法，但卻沒有意識到自己在這樣的環境長大，自然而然也會有相同的作為。當環境中的每個人都不擅長說出自己內心真正的想法，我們理所當然地會變得言不由衷。**當我們嫉妒、害怕、擔心、沒有安全感時，我們沒有辦法對這樣的感覺坦白，反倒會為自己找一個名正言順的藉口，藉此隱藏內在害怕讓人發現的情緒**。

我常說語言是非常有力量的工具，我也曾說，因果的理論來自於你投出了什麼樣的動機，自然就會回收到相同動機的結果。人不可能在完全沒有任何動機的情況下說話，這使得無論用言語如何去裝飾內在的擔心、害怕與憤怒，也同樣會得到聽的人生氣的結果。又或者是建立在自卑、沒有安全感下所說出來的話，可能會得到讓你感到更沒有安全感的結果。如果大家都知道丟什麼必會回來什麼的道理，那麼就更應該知道說話藝術的重要。

之所以提到這一點是因為我相信人只要長期在心口不合一的環境下長大，都會對自己所說的話產生一種無所謂的態度。不但不會把自己所說的話當一回事，也不會懂得對自己所說的話負責。我們常常開著自以為是的玩笑話傷人，當別人因為自己的話生氣時又會譴責對方開不起玩笑。我們錯把沒有禮貌當作是一種直率的表現，還天真地以為這就是表現自己最好的方法，卻沒有發現「直率」與「沒有禮貌」根本就是兩件事。有時候明明知道自己的話傷人，卻覺得自己道個歉就可以彌補自己的錯誤，若是對方不願意接受自己的道歉，則覺得對方根本小題大作、肚量小。我們長期活在這樣的社會環境下，從來沒有人教育我們因果起源於我們的一行一言裡，使得我們根本不知道言語擁有多麼強大的力量，更不可能意識到它可以造成的殺傷力。如果各位不這麼認為的話，那麼試想自己是否至今還清楚地記得一生中與父母、親朋好友、另一半，抑或是公司老闆同事的對話與爭吵？你可能知道對方並不是有心想說那樣的話，也很可能只是句氣話，但是對方當時那麼一句漫不經心的話，至今卻仍讓你感到隱隱作痛。如果大家的生命中都有這樣的時候，這難道不足以證明語言的力量嗎？如果每個人都知道語言所能創造出來的能量，並了解它與因果的連結，那麼自然地會知道心口合一、言出必行的重要性。用言語實際地表達內心真實的感受，為自己的話負責，確切地履行自己脫口而出的承諾，除了自己對宇宙投射的信念必會回收之外，這輩子沒有履行的承諾也會順理成章地成為你下輩子的義務。用謹慎的態度去面對自己的言語，無論是透過說話還是文字，這才有能力在未來創造出自己想要的結果。

經過這麼多年的靈學旅程，我發現只要是由衷講出來的話，就最好有履行它的心理準備，因為在靈魂不受時間與空間限制的條件底下，在某一世一定要履行自己所做出的承諾。希望藉此讓各位了解動機、因果以及語言的力量，以及言出必行的重要性。之所以拿這幾個重點做為前提，是因為有次閒聊的時候，我提到自己是一個只要生氣就不太愛說話的人，但我並不是一出生就是這個樣子。事實上，年少的我好辯又伶牙俐齒，或許是因為從小常常面對別人的言語霸凌，這使得我與人爭辯的時候總是為了爭一口氣而鮮少退讓。那個時候的我覺得自己是直言不諱，長大後才發現那叫沒有禮貌。我意識到自己生氣時所說的話，大多都只是為了傷害對方，並沒有任何實質的意義。因為我從對方身上感覺受到傷害，所以希望自己的言語也可以讓他感受到相同的痛。只不過那樣的快感往往只能維持五秒之久，過後，我們又陷入痛苦的深淵。只要稍有覺知的人，往往會在事後後悔自己這種逞一時之快的舉動。人們不常注意到自己所選擇的言語往往代表著我們自身的格局。用話傷人並不會證明我們有多麼地厲害，反而只會更加地突顯自己有多麼地害怕受到傷害，所以才會覺得自己有傷害他人的必要。舉個例子來說，你可能聽到別人說：「你好笨喔！世界上怎麼會有像你這麼笨的人啊？」如果你把這句話寫下來，可能會發現這正是人們（或是自己）曾經用來傷害自己的話。因為害怕別人發現自己笨，所以總是先指出別人笨的地方。讓這個句子以白紙黑字的方法呈現，或許會幫助你去思考自己為什麼要指出他人的笨？說這句話的用意為何？傷害他人的動機又是什麼？就算他人真的笨又可以證明什麼？或許你覺得這只不過是句「玩笑話」，但如果別人以相同的句子來形容你，你是否也可以當作玩笑一笑置之？如果你曾經用心地思考自己的一言一行，就會發現這句話並不代表著你想罵的那個人，反而更突顯出自己內心害怕讓人發現的一面。此外，換個角度思考，若你所丟出去的能量必然會回收到自己身上的話，你是否還會如此不負責任地「開玩笑」呢？

有許多人喜歡當鍵盤俠，覺得自己躲在螢幕後面，反正別人看不到也捉不到，所以就肆無忌憚地使用不負責任的文字批判他人，甚至還把攻擊別人當作是一種興趣。但事實真的是如此嗎？光以靈媒的視角，我就常常覺得自己透過一個簡單的字，又或者是一個表情符號就可以追蹤到留言的人。如果一個靈媒的能力就已經是如此，人們又怎麼覺得自己逃得過宇宙的因果法則呢？是否應該以更負責的態度去面對自己所使用的話語呢？當然有很多人會覺得若是以這個模式來思考的話，豈不是每次開口前都得要先花個五分鐘來反省自己要講什麼？這樣該如何與他人對話？但我今天舉這個例子不是為了恐嚇大家，而是希望大家以更謹慎的態度去面對自己所選擇的字彙，我們幾乎沒有被教育過言語的力量，所以總是以無傷大雅的態度來面對自己所說的話。但言語就像是水，既可載舟，亦可覆舟。如果我們所說的每一個字都代表著自身的格局，那麼就算每次說話都需要花個五分鐘思考又如何？經過長期的練習，它自然會成為我們習以為常的肌肉，更重要的是，它會慢慢地成為我們的實相。

既然我們開始進入到一個覺知的世代，那麼就更應該學會實際地掌握我們自身的能量。如果各位不知道該從何開始的話，那麼試著從你所使用的言語著手吧。**好好地思考什麼樣的字彙最能夠代表你這個人，什麼樣的話最能夠明確地表達自己的想法，先了解自己的動機再開口**。只要透過不斷練習，再生澀的對話都會慢慢地成為自然的反應。**每天有覺知地為自己做一點努力，很快地你**

就會在不知不覺之中成為自己一直想要成為的人。你也可能會開始意識到有些文字根本沒有存在的必要。就如同外國人很不喜歡在小孩面前使用髒話的意思是一樣的，若是小孩從小被教育某些話是傷人的，那麼他們在長大後就會儘量地避免使用相同的話去傷害他人（又或者會使用相同的話去傷人）。

有些教育會讓人相信指出他人的缺點是為了他好，希望對方可以藉此而改善。但是說真的，有誰在長期被批評的環境下會第一個想到改善自己？「笨」、「傻」、「不夠好」……全都是個人主觀意識的用詞，在靈魂獨立個體性的前提之下，一個人眼裡的「不夠好」並不等同於另一個人的「不夠好」。人們長期地處在不被認同的環境下，鮮少會有想要改善的想法，反而會有自暴自棄的傾向。要幫助一個人改善的辦法有很多，但批評絕不是第一選項。今日帶著攻擊的態度去批評別人，明日必然成為他人攻擊的對象。攻擊性的言語所形容的不是你想要傷害的那個人，而是表達出自己內心最沒安全感的點。如果大家了解言語的力量，那麼就試著拿回自己的主導權，學一些尊重的字眼，不但尊重別人，也代表對自己的尊重。想要成為什麼樣子的人就先從自己說的話開始，不管是在人前人後，螢幕前或是螢幕後，都讓自己成為一個裡外合一的人。**用相同的態度去聆聽**

他人，你就不會老是把別人的話聽進自己的心裡，而是可以清楚地看見對方想要隱藏的恐懼。今天要傷害一個人還是療癒一個人，都在你選擇的用詞之中。雖然還是有很多人跟我反映說，自己沒有辦法接受某些人所說的話。但我希望各位知道人生永遠都是有選擇的。你或許沒有辦法選擇對方會說什麼話，但你卻可以選擇自己是否要繼續跟這樣子的人有所交集。你可以選擇劃清界限，也可以選擇永遠不相往來，但沒有必要因為對方的格局小，就連帶地拉低自己的格局。如果對方真的在乎你，那麼他自然會願意改變。若是對方不願意改變，那麼這自然是你要學會放手的功課。如果各位想要讓自己進化成為一個更好的靈魂，那麼就從你所使用的字彙開始吧。你對宇宙丟出什麼，自然就會得到相同的回報。更重要的是，你所說的每一句話，最終都會成為你未來的顯相，所以慎選自己想要的未來，並選擇可以代表它的字彙吧。

表達的方法

在上一篇文章裡，我提到希望大家可以找到能代表自己的字彙，可能讓很多人感到恐懼而從此不敢開口說話，但這不是我的本意。之所以提出這個想法是因為大部分的人都生活在一個幾乎沒有被教育語言有多大力量的環境，所以我想透過分享讓大家知道其實你們每一個人都充滿很強大的力量。當一個人了解言語的力量並開始對自己的言行舉止產生覺知，那麼他就有辦法實際地運用它，並延伸到生活的各個層面。所以上一篇文章的用意是希望各位能夠藉此找

・對應頻道 181 集・

回自己的力量，成為一個有覺知並學會為自己的言行舉止負責的人，進而創造出自己想要的實相。但這並不表示你從此之後不能生氣、不可以開口罵人，而是建議各位先花個五秒的時間去思考自己說話的動機究竟是什麼。因為唯有清楚地知道自己的動機，才有辦法慢慢地改善說話用詞，讓自己更接近那個真實的自己，而不是在聲東擊西、顧左右而言他的環境中慢慢地失去自己。

如果大家了解我的用意，那麼我覺得溝通最好的方式就是坦白地面對你當下的情緒。就好比在公司與老闆或同事溝通之中產生了不好的情緒，與其等到回到家（或是隔天）才來反省自己說了什麼，倒不如在當下學著審核自己的情緒與動機，再找最適當的字彙來表達自己現下的情緒與目的。無論是感覺對方意有所指，又或者是對任何的行為意見感到不認同時，與其急著用言語來表示自己的不屑與不滿，不如明確地表達自己的困惑，讓對方有澄清或是表達自己立場的機會。人們很常為自己錯誤的行為做辯解，但千萬不要養成一種辯解的習慣，而是學著在開口的同時就審視一下自己說這句話的動機為何，因為唯有清楚地知道自己的動機才有改善的機會。如果接下來想說的話只是為了傷害人，那就乾脆不要說。如果你的目的只是為了傷害對方，那麼與其說出那些傷人的話，不如誠實地表達對方的話傷到你了。**學著在當下誠實地面對自己的情緒，並勇敢地去處理眼前的問題，情緒就會因為得到適當的發洩而自在了許多，更重要的是你不會因為錯誤的動機而啟動任何的因果**。也因為事件在當下被解決，所以不會隨著時間的累積而任由情緒在你的心裡發酵。

有人建議可以在樹旁挖個洞，並且朝著洞裡丟進所有負面的話，我個人覺得這個主意有點好笑。因為那棵樹本身很可能已經不太健康了，若是再日夜吸收（你的）負能量，到最後可能會因為吸收過多負能量而死掉，反倒像個無辜受罪的犧牲者。華人有句話叫作「解鈴還需繫鈴人」，解決任何心結最好的方法就是在當下與產生問題的人直接把問題處理掉。因為光是要處理這件事的時候，你們就會發現自己的內心有多少的拉扯（例如：該講什麼與不該講什麼、做什麼，以及恐懼做了之後會有什麼事情發生等等），如果你可以常常強迫自己去面對這樣的事情，並學著處理它的話，那麼不但是為自己訓練肌肉之外，也是同時間在處理自己的人生功課，靈魂自然會在過程中得到突破。當然，有很多人會覺得自己其實沒有那麼大的勇氣，既沒有肌肉可以在人前坦白地表達自己，更沒有辦法直接去處理問題。那也沒有關係，假設自己因為某些事而積了一肚子的氣，單純地想要找個朋友發洩，那麼你也可以事先告知對方自己想要發洩一下，並詢問對方的同意。而不是一股腦兒地覺得對方應該聽你出氣，或是無條件地接收你的負能量，因為這往往沒有辦法得到你想要的結果，到最後可能連對方也莫名地一肚子氣。人們很常將自己在外面受到的氣一股腦兒地發洩在最親近的人身上，卻從來沒有想過如此不負責的行為，到最後還是得靠自己來善後。其實很多時候只需要事先告知對方一聲，相信身旁的人大多願意以寬容的心聆聽我們的抱怨，就好像垃圾袋在使用前都要先甩個幾下，好讓空氣先填滿它的意思是一樣的，讓身旁的人有點心理準備往往可以讓你獲得較大的包容。覺知是需要靠練習的，若是無法在當下做出任何反應的話，那麼至少學著對自己親愛的人寬容一點，不要習慣性地讓他們成為受氣包，而是先學著覺察自己的情緒，並練習在抱怨以前先告知對方，這樣就不需要因為他人的行為而犧牲自己的感情。理解與告知算是對自己與別人的一種尊重。

除此之外，父母與孩子之間的溝通也是一個很好的例子。老一輩的人因為封閉式教育的關係，不懂得該如何表達自己，也常常以聲東擊西的方式來表達內心的想法，不自覺地讓許多的擔心與關心成了牢騷。因為沒有辦法直接地說出我關心你，所以改說「你為什麼不多運動」、「為什麼老吃垃圾食物」、「為什麼老宅在家裡」……，我相信身為小孩的人一定特別有感吧？明明知道父母是在關心自己，但是卻一點也感覺不到被關心的溫暖。如果每個人在話說出口的當下願意花五秒鐘的時間省思一下自己的動機是什麼的話，那麼所說出來的話就會愈貼近自己內心真正想要表達的。很多父母的動機只是希望孩子吃得好、睡得飽、長大後可以照顧好自己……，但卻往往無法表達如此單純的動機，反倒讓自己滿口牢騷，讓聆聽者無法接收到自己真正想要傳達的心意。就好比許多的父母沒有辦法直接地表達自己對孩子的愛，反倒將「我愛你」這三個字主動翻譯成「多吃菜」、「多運動」、「多交點朋友」……。當小孩子聽到這樣的話時，往往也主動翻譯成這是批評自己不夠好，抑或是直接當成白噪音消音。有時候直接表達自己內心真正的想法時，不但可以讓父母明確地審視自己的動機之外，也可以讓孩子確切地感受到父母想要表達的愛。

此外，男女朋友之間也是個很好的例子。有時候一方可能會一直抱怨另一半總是在玩電腦、手機，回到家裡什麼事也不做，但其實內心真正想要表達的是自己被忽略的感受。可能只是希望對方放下手機多陪陪自己，也可能是希望對方可以幫忙自己做點事，但卻往往一肚子怨氣地抱怨著同樣的事，而另一半也可能主動將抱怨轉換成白噪音。其實情侶間的溝通更重坦白，與其不斷地抱怨或是說些傷人的話，直接請對方幫忙或是清楚地表達自己的感受，是否更能夠建立有效的溝通呢？

這篇文章想要告訴大家的是，與其擔心自己所說的每一句話會造成什麼因果，我更希望各位知道自己其實是很有力量的人，能夠學會對自己的言行舉止產生覺知，並學習掌控這樣的力量。而最好的辦法就是在事情發生的當下，學著對自己的情緒與感受坦白，並勇敢地面對當下的問題。這個念頭或許會讓許多人怕得手腳發冷，但只要願意去面對就絕對是進化的最快道路。若是滿腹牢騷想找人發洩時，至少讓對方有個心理準備，而不是莫名奇妙地成了你的出氣包，這對彼此都是一種尊重，除了讓你更加清楚自己的情緒之外，也讓他人有更多的包容心聆聽你的抱怨。我不是建議大家都只能講正面的話，只是我覺得每個人都應該學著為自己的言行負責。在說任何話之前，先檢視自己的動機，以及自己想要說的話是否真正地符合內心想要表達的，隨著不斷地練習，你一定可以愈來愈接近那個理想中的自己喔。

與自己對齊

・對應頻道 188 集・

英文有句話是「**Align with yourself.**」我不太確定這句話的中文應該如何翻譯，所以在此解釋為「與自己對齊」。在諮詢的時候，我很常與客戶提到這個句子，所以想要藉由這篇文章與大家分享如何與自己對齊。

不知道大家有沒有覺得自己常常在做違心的事情？我們活在一個慣性批判的社會裡，周圍的環境也常常叫我們要犧牲小我完成大我、凡事以大局為重。由於習慣了妥協，導致我們即便遇到不認同的事情，也總是以大局著想而妥協自己的原則，努力地說服自己沒關係。這樣的行為在女性的身上尤其常見，而且東方女性的比例相對較高。而在新的世代，父母以較有覺知的態度去教育小孩，所以這種犧牲小我完成大我的現象可能也就比較不明顯。所以這篇文章就暫且針對我這個年代，或是上一個年代（也就是用傳統教育所教導出來的小孩）那些很常讓自己扮演一個妥協者的角色的人。

這種犧牲自己的現象不只局限於亞洲的國家，其實大多數以父權主義為主的國家都很可能有男主外女主內的觀念。這篇文章裡面我所說的女性不僅是生理上的女性，而是在關係中扮演女性角色的人。在感情關係裡面習慣性地扮演妥協者角色的人，很可能會為了家庭、小孩、另一半而犧牲，更常在一味地配合的過程裡面逐漸迷失自己。傳統社會賢妻良母的教育觀念，讓感情關係裡面扮演女性角色的人覺得自己需要扮演好一個老婆或媽媽的角色，除了打理好家裡之外，還要照顧好家裡每一個人的情緒。間接地，女性在這樣的環境下開始不像是個伴侶，反而更像個傭人，總是為了打理好一切而犧牲自己的優先順位。

當然，我相信有許多的男性也覺得自己為家庭犧牲很多，像是為了養家糊口而犧牲自己的夢想。

我知道任何關係都是需要妥協的，所以我不是說妥協不好，而是任何事情一旦過於偏頗就很容易產生反效果。為什麼女性在這樣的關係裡面比較容易失去自我？因為男性在持續工作的情形下大多可以保持原有的社交生活，然而大部份的女性一旦進入婚姻就很容易被說服要以家庭為重而放棄自己原有的事業或是生活圈。很多職業女性即便工作了一整天工作，下班之後回到家還是會扛起打理家裡、煮飯、洗衣服以及照顧小孩的工作。這源自於母性與社會環境的教育使然以及周遭的期待。許多女性生了小孩子之後會理所當然地拋棄原有的生活，將生活重心投注在養兒育女之上。不管是本能驅使還是社會以及家庭期望所導致，由於習慣性地妥協自己去配合外在環境，或是說服自己一點一滴地去做自己不喜歡的事情，使得許多的女性在關係裡面慢慢地失去自己原有的價值。

妥協的行為來自於人們習慣性地把他人的需求放在自己之前，這樣的行為不單單只會出現在婚姻關係之中，也會反映在家人、同事又或者是與朋友的互動裡。也就是說不管在任何的情況下，都會優先選擇犧牲自己的權利去配合他人。偶爾配合他人是好意，但習慣性地配合不但得不到他人的感謝，很可能還會讓接受者以為你的犧牲是理所當然的。也因為你的付出長期沒有得到感謝，可能會間接地養成你貶低自我的習慣。如前所說，當你習慣把別人看得比自己重要的時候，你會相對地變得不重要。**沒有與自己對齊過的人很難看到自己的價值，也很難理解自己生存的意義究竟在哪裡**。想著A的時候會說B、難過的時候強顏歡笑、不要的時候不懂得拒絕、明明很在乎卻總是說沒有關係，想要學會愛自己卻老是把他人的需求放在自己之前……，由於從來沒有心口合一地審視過內心真正想要成為的自己，於是漸漸地迷失了自己。

與自己對齊之所以很重要，是因為在我們一生中發生的所有人事物都來自於靈魂所下達的指令。靈魂選擇投胎並不是為了滿足其它靈魂的需求，而是為了幫助我們的靈魂完成人生功課以活出真正想要成為的樣子。也就是說我們之所以投胎不是為了別人，而是為了自己。如果你了解這個重要性的話，就會知道一個人是否可以吸引到對的人事物完全取決於靈魂對自己的設定。如果一個靈魂連自己是誰都搞不清楚的話，那麼又如何去吸引對的人事物發生呢？如果一個人明明喜歡卻說不喜歡，明明討厭卻說沒關係……如此心口不合一的行為，又如何期望自己想要的一切會發生呢？

對齊自己是人生的基本功課，簡單來說就是不要做違心的事，你的內在想法與外在的行為都要裡外合一：如果你是一個懂得尊重的人，就不會有無禮的言行舉止、如果真的在意就不會說沒有關係、如果難過就不會說一切OK……。改變心口不合一的行為需要一點時間：先學會審視自己的心情，再決定要用什麼樣的字眼真實地表達這樣子的情緒。每次話要說出口之前，也可以先思考這樣的言語是否是你想要成為的自己。我的建議並不是要求你要隱藏自己的情緒，相反地，是希望你可以真實地（不浮誇地）表達自己的情緒。當你學著用正確的字眼表達自己內心真正的感受，你會愈來愈清楚自己真正的樣子，審核情緒的時間也會隨著你愈來愈了解自己而減少。人在剛開始學著表達真實自己的時候可能會犯下許多的錯誤，但懂得從經驗之中學習，之後自然會熟能生巧，並且愈來愈了解自己要什麼、是什麼。

慣性妥協的人即便強迫自己說真話，還是免不了會感覺到罪惡感，由於習慣性地取悅他人，使得他們在看到對方錯愕的表情時往往會在瞬間轉換自己的行為，更甚至是為自己的坦白向對方道歉。明明說真話應該讓自己感到豁然開朗，但為什麼會得到反效果呢？這是因為改變任何習慣都是需要時間的。人們習慣了你的妥協，所以要在這樣子的環境下學會做自己自然會得到反抗的聲音，因為人們總是害怕改變自己習慣的東西，這也包括你自己在內。但無論如何，學著對自己的情緒誠實，永遠勝過違心的行為。

那麼當自己選擇說真話卻產生罪惡感的時候該如何面對呢？我給各位的建議是做一點別的事情來轉移自己的注意力。因為一旦你有時間去胡思亂想，那麼往往會回到舊有的習慣與模式。就算你努力地想要為自己改變，身旁的人也會想辦法將你變回他們所熟悉的模樣，不斷地攻擊你突而其來的變化。但是與其因為周遭的人不認同就隨著他們的意願改變自己，我更希望各位花點時間思考自己真正想要成為的樣子、你所說的話是否真切地表達自己的內心、這是否可以幫助你走向一直想要創造的未來？如果在妥協的過程裡你迷失了自己，那我希望各位可以透過短暫的堅持慢慢地找回自己。即便在堅持的過程中遇到困難，或可能需要透過無數的錯誤才能找到正確的道路，但如果目標正確，就一定可以走上想要的道路。在成長的路上對自己寬容一點，允許自己從錯誤中學習，而不是一遇到挫折就第一時間責備自己，你永遠有下一個機會可以讓自己變得更好，也可以透過一點一滴的調整來慢慢地達到你最理想的模樣。**在練習**

與自己對齊的過程中，也需要不斷地對外劃出自己的界限。每個人都有自己的能場，也不是每個人都是志同道合的，所以自己適合什麼樣的距離是需要摸索的。社會很習慣用框架來約束你，但靈魂具有獨立個體性，沒有一條規矩是適用所有人的。想要創造出自己的未來就不要總是扮演受害者的角色來期望他人理解你，明確地告知他人自己的界限在哪、是什麼、要什麼，都是靈魂成長必須要做的功課。當然人的底線會隨著成長而改變，同樣得由自己來告知喔。

其實這篇文章只有一個重點，就是希望各位可以成為一個與自己對齊的人，也就是心口合一的人，別讓自己養成違心而論的習慣，那會讓你慢慢地迷失了自己。如果想要創造理想中的未來，顯化靈魂真正想要的模樣，那麼心口合一才能奠定說什麼是什麼的基礎，因為宇宙是回應的是你的核心價值。花一點時間投資在自己身上，調整自己的言行一致，那麼你自然會吸引來對的人事物，創造出你想要的未來。這篇文章開頭之所以拿女性來舉例，是因為很多女性很容易在婚姻裡面犧牲掉自己，進而迷失。但我相信這樣的事情就算不是發生在婚姻的關係裡面，也會發生在大部份的人身上。人生是條自私的旅程，各位可以好好地想想自己為什麼投胎，又要如何幫助自己成為一個更好的靈魂。人生中的種種鋪陳不是為了要打擊你，而是為了將你推向那樣的終點。所以當你為別人費心盡力的同時，別忘了活出自己才是你的靈魂之所以選擇投胎的目的。從心開始做起，慢慢地調整自己的言行，那麼未來自然會呈現出你想要的模樣。既然要從心開始做起，那麼心口合一就是穩固未來的重要基礎。重要的是，你的人生決定在你的手上：明確地告知自己的底限、相信自己有創造的能力，無論要開創什麼樣的未來，都得從裡外合一開始做起，對吧？真心希望各位都可以透過學習與自己對齊創造出想要的未來喔。

相信的力量

・對應頻道 189 集・

如果我曾經說過人的思考能量（**power of thought**）是種平穩振動的話，那麼相信的力量（**power of belief**）就是相對比較高振幅也較沈穩的能量。多年的觀察讓我發現相信的能量往往需要依附在某件人事物上，它不像思考能量可以單獨地被創造出來，並可以直接被顯化成實相。相較之下，相信的能量比較像是個附屬品（或配件），必須附著在某個主體才有可能會發生。

之所以提到相信的能量是因為多年的諮詢經驗中，常有網友詢問許多與宗教相關的問題。像是懷孕的時候唸經對小孩子的未來比較好、要安太歲才會過得比較順遂、逢九不過生日，因為容易著招災惹禍……。其實無論你信仰的是哪一個宗教，啟動的都是相信的力量。這也就是說，無論你相信什麼，也不管好壞對錯，只要你相信就有用。如果你相信念經對小孩子比較好，那麼基本上它就是有用的，因為你的信念會引導你去尋找它有用的證據。也因此在以往諮詢的過程裡，即便聽到天方夜譚般的神話，我也不會嗤之以鼻地說服你不要相信，反而會問你：「你相信嗎？」因為這些信仰建立在人的信念之上，只要還有人在供養，那麼自然會有它的功效存在。它的有效期限也會依照每個人的信念程度深淺而不同，一般是三到六個月左右的時間。

「相信」是種需要人們持續餵養的能量，有些時候透過宗教儀式或是一些較有聲譽的法師加持的時候，感覺好像可以改變所有的外在形象。但任何可改變的事物都必須建立在不會妨礙你的靈魂發展以及人生課題的前提之下，否則不管你再怎麼相信都不太可能會發生。

無論是思考的力量還是相信的力量，甚至包括巫術或者是茅山道法，都無法移除人生功課的發生，也無法阻礙人生藍圖的鋪陳，通常只是延遲它的發生，但同樣的功課往往在三到六個月後會連本帶利地再回到你身上。這也是為什麼任何的力量只要觸及人生功課幾乎都會無效的原因。

我們今天不只討論宗教上的信仰。在現實裡我們也很常將相信的力量運用在生活的各個角落，最常見的可能是人們常用的「幸運物」。不知道各位是否有一條每次面試配戴就鐵定會成功的領帶？一枝每考必過的考試筆？一顆為你帶來幸運的石頭？如我先前所提到的，相信的能量一般都必須依附在一樣東西上，可以是有形的人事物，又或者是無形的信仰、宗教、儀式上。所以真正為你帶來幸運的不是那一顆石頭或是那一條領帶，而是因為你相信，所以它才有用，物品透過凝聚你的信念而成為一個實質存在的力量。相信的力量是需要透過持續不斷餵養信念才得以維持的能量，這與我們一年一次的宗教行為不同，往往是透過長期持續性的供養才累積而成的。透過你每次在做某件事、某個特定行為，又或者是拿到某樣物品會啟動的信念，慢慢地累積在你所相信的事物上。通常這個信念累積到一定的程度之後，就會開始顯化成你們所看得到的實相。

此外，在宇宙底下沒有好壞對錯的情況下，相信的力量不僅僅適用在好的事物上面，它同時也很常被運用在不好的事物。舉例來說，你是否常覺得自己不夠好、不重要、沒人愛、會被人拋棄？又或者是自己喝水也會胖、只要一碰到電腦就會當機……等等，長期累積的信念在不斷餵養的情況下自然而然會顯化成我們的實相，我們在內心不斷批評自己的聲音也慢慢地變成我們信以為真的事實。因為覺得自己不夠好，所以身旁出現愈來愈多老喜歡指出我們不夠好的人。因為覺得自己不重要，所以身旁也出現愈來愈多讓我們覺得自己無足輕重的人事物發生。我們的夢想終究抵不過這長期累積與持續餵養的信念。不管我們的內心有多麼想要成功，也總覺得心力交瘁、遙遙無期。無論我們有多麼想要得到愛情，也總是得到被人拋棄的結果。我們的邏輯與內在形成強烈的拉扯，這使得我們的能量無增反減，我們的信念在不斷受挫的情況下終究會顯化成我們的實相。

之所以想要與大家分享這件事，是因為我們每個人每天都花了很多的時間在質疑自己。即便我們沒將內在的不安全感說出口，但在日積月累下這樣的信念逐漸顯化成我們的實相。有很多人每天照鏡子時，第一時間就是注意到自己有多胖，這個信念導致自己吃什麼都胖。相信的力量都有個附著點，而此時這個力量可能附著在你永遠豐腴的雙下巴，又或者是怎麼減都減不掉的腰間肉，由於天天餵養信念的緣故，導致自己想要排除這種肥胖的感覺幾乎成了不可能的任務。除非你開始改變這樣的信念：與其每天第一時間注意到自己不夠好的地方，倒不如第一時間注意到自己好的地方，一旦靈魂開始相信你說的話是真的，那麼它自然就沒有必要緊抓著身上的肥肉不放。同樣的道理，我不夠好、不重要、沒有人愛、老是遇到渣男……，全都是各位可以用來練習的信念。**每個人內在都有一個句子以及一個不為人知的小劇場，不管你的信念是什麼，宇宙一定會想辦法配合你的演出**。有時候這些信念可能不僅僅是來自於自己，而是身旁的朋友、親人以及另一半每天在重覆的話，導致你也不自覺地相信他們所說的話是真的。但記得，相信的力量通常都有個附著點，也就是說不管是有形或是無形的，一旦這個附著點不存在，那麼這個相信的力量自然也沒有成形顯化的機會。

如果大家清楚地知道相信的力量不只是可以運用在好的事物上，同時也可以運用在不好的事物上時，那麼當你們急著想讓好事發生時，至少先仔細地審核自己的內在是否有與之衝突的負面能量存在。**除了內在的小孩之外，外在主**

流社會的價值觀也是你要注意的。雖然我們不是身處在一個完美的社會，但至少可以讓自己清楚地知道：靈魂之所以投胎是為了達到最理想的自己，而不是成為他人期待下的你。如果你清楚地知道自己想要成為什麼，卻得不到身旁的人的認同時，那麼或許現在身處的環境並不是適合你的。不需要因為他人的不信任就跟著懷疑自己，你可以去尋找屬於自己的位置，而不是強迫自己在一個錯誤的環境裡面求生存。信念是自己的，當你決定要相信什麼的時候，你自然會找到讓它成為你的實相的力量。

擁有它，而不是只是試著想要相信它

・對應頻道 191 集・

不知道大家有沒有這樣的感覺，就是明明覺得自己應該很有錢，卻到現在還是一文不值？明明覺得自己應該被人捧在手心裡疼，但直到現在還找不到那個對的人？各位很常用我的句子反問我：「版主，你不是說只要相信自己就可以顯化任何實相嗎？」我的確說過這樣的話，但各位千萬不要忘記我也同時說過：「當你的句子後面出現『可是』的時候，就已經證明了你其實並不相信它真的會發生。」

相信大家到目前為止應該接觸不少的身心靈資訊，鐵定也研究過如何透過吸引力法則來創造實相吧？我們常看到我想要變有錢、變漂亮、有人愛、遇到對的人……，但只要稍微有所覺知的人都會建議你不要說我「想要（**Want**）」，而是應該說我「會（**Can**）」。也就是說「我想要變有錢」應該變成「我會有錢」、「我想要變漂亮」應該變成「我會變漂亮」……。更進化一點的則是將「想要（**Want**）」變成「將會（**Will**）」，再更上一層的說法則是將「想要（**Want**）」變成「是（**Am**）」。於是，「我想要變有錢」會變成「我很有錢」，「我想要變漂亮」變成「我很漂亮」。所以同樣的道理，當各位問我：「我相信自己應該被人愛，但是（**But**）為什麼到現在還沒有人愛？」因為「但是（**But**）」這個字根本就不應該在你的句子裡面出現。今天當你相信一件事的時候，根本就沒有所謂的「但是（**But**）」。就如同我的名字是 **Ruowen Huang** 一樣，後面也沒有任何的 **But**。因為在 **But** 以後的句子，完全都是你的內在擔心或害怕的不安全感，也是導致你想要的生活遲遲沒有發生的主要原因。也就是說，你嘴上說自己會有錢的時候，你的內心更害怕自己一文不值。當你嚷嚷著自己應該被人捧在手心疼惜的時候，你的內在更害怕沒有人愛。

我想要與大家分享的是：不要只是試著去相信一件事，而是去擁有它。這感覺就好比是擁有你的名字一樣，完全不需要任何的理由與藉口，就只是單純的擁有。今天你不會是全天下唯一一個擁有這個名字的人，但擁有的感覺是即便出現了跟你同名同姓的人，也不能改變你是誰的事實。就算對方跟你同名同姓，外加同年同月同日生好了，你和對方永遠是兩個完全不一樣的個體。你不會浪費時間跟別人爭辯自己是誰，又或者是需要去證明自己是誰，因為你清楚地知道，把兩個名字相同但完全不一樣的人拿來相比是毫無意義的。

當你真正擁有一種感覺的時候，你根本不在乎別人給你什麼樣的評論，因為你會清楚地知道外在的觀感並不會改變你對自己的看法。即便別人不認同也不會改變任何事實。建立在靈魂獨立個體性的關係，別人的體驗不等於你的體驗，別人對於「有錢」的觀念也不一定是你個人對「有錢」的定義。所以別人認不認同、喜不喜歡，對你來說又有什麼意義呢？就好比喜歡自己的名字的你，難道會因為別人不喜歡或有人跟你同名同姓就去改名字嗎？

所以與其一味地追求某種感覺，不如試著讓自己擁有那樣子的感覺。因為一旦你擁有那樣的感覺之後（就如同你個人的經驗、知識、創作、名字……），就不會因為別人不認同而懷疑自己。今天就算有人拿著類似的東西來到你的面前，宣稱那是屬於他的，也不能改變你真實體驗過的每一分每一秒。擁有的感覺是別人搶不去拿不走的，就如同你的名字一樣。就算別人跟你擁有相同的名字，也不等於他就是你。宇宙有個很神奇的法則：是你的就是你的，不是你的，就算偷或搶也遲早會回到主人身邊。一個人擁有的感覺是沒有辦法受到任何外力影響的。

今天當你們不斷地告訴我說自己相信什麼，但卻怎麼也得不到的時候。我希望你試著把「想要」這兩個字改成「將要」試試，看看自己的心態上是否有任何的轉變。感覺一下你是否真的相信這件事會發生，就如同你相信自己的名字屬於你一樣。讓你所相信的這件事完全地代表你，而沒有所謂的「可是（**But**）」。有錢就有錢，漂亮就漂亮，沒有可是、但是、或許、可能……。當你真的相信這件事，你的能量就會實質地擁有這個信念。如果不知道該如何執行的話，可以從一個簡單的句子開始。依照前述的三個步驟：將會（**Will**），會（**Can**）和是（**Am**）。「我想要有錢」變成「我將會有錢」→「我會有錢」→「我很有錢」。看看自己在說出這句話的時候是什麼樣的感覺，體驗看看內心是否有不確信、害怕以及不真實感。如果有的話，每天讓自己想像一下擁有後的感覺會是什麼，又或者是**排除這件事的種種附加價值**（例如：等到我有錢以後就要做什麼、等到我變漂亮以後就會怎麼樣）後又是什麼樣子的感覺，把它想像成和名字一樣單純又理所當然般的存在。

記得，擁有的感覺必須是在沒有任何物質的情況下，你還依舊能夠感覺得到的。也就是說今天你所感覺得到的富裕感，跟你住的房子、開的車子、穿的衣服一點關係也沒有。你必須想像在什麼樣的情況下你依舊感覺得到富裕自由的感覺，一旦捕捉到那樣的感覺之後就學習去擁有它，讓你整個人都代表那種完美、自由以及富足的存在。當你不斷地與這樣的感覺做連結，宇宙自然會對應你的感覺而回應你的需求。我曾經說過，宇宙回應的不是你想要，而是你是什麼。唯有當你真實地擁有這樣的信念時，你才有辦法讓那個未來發生。如果你想要的事情還沒有發生，也許是因為時機還沒有到，但更多時候是因為這個過程裡還有你需要面對的功課。就如同我曾經提到過的：人生功課是無論用什麼方法都無法從生命中移除的。在你選擇面對之前，你的人生功課都會不斷地成為你生命中的考驗。只要專注地活在當下、不逃避地面對生命中的恐懼，那麼你想要的未來就一定會發生。

說個題外話，或許是靈媒的身份讓各位總是很願意對我掏心掏肺，但再怎麼說我對你來說終究是陌生人。所以與其把我當成傾訴的對象，不如把你內心想說的話分享給那些對你來說真正重要的人吧。不管他們的反應是不是你想要的，但勇敢地說出心裡的話就已經是克服恐懼的第一大步了。靈魂不會替你安排一個孤立無援的人生，在你無法信任周遭的人的同時，一定也有許多可以幫助你的人守在你的身邊。如果你有勇氣將內心最私密的事對我這樣的陌生人傾訴的話，那麼何不試著將同樣的話對身旁的人傾訴看看呢？相信有一天，你一定可以從身旁一群不能理解你的人裡面，找到真心對待你的人。得要先相信自己會，未來才會有遇到的可能，不是嗎？

不要追著錢跑

・對應頻道 193 集・

人們除了很常把自己的幸福跟愛情綁在一起之外，最常讓人與成功做連結的可能就是金錢了。但在這篇文章中，我想要與大家討論「不要追著錢跑」。

金錢只是個物品，既沒有靈魂也不會自行發展，它的附加意義多半是人類所賦予的。當貨幣一開始被創造出來的時候，只是單純用來作為交易的衡量標準。可是隨著時代的變遷，人們開始拿金錢作為一個人價值的衡量標準。也就是說人們會用金錢的多寡以及購買力來衡量一個人的身分地位以及功成名就。

在金錢還沒有普及化之前，人們在乎的是血統，一個人純正的血統可以象徵他崇高的地位。但由於「血統」並不是每個人都取之可得的，於是人們開始轉移到「金錢」之上，為的是嘗到一絲與貴族同等的特殊待遇。人們用購買力來決定自己的價值，用外在的奢華品來展示自己的身份地位，我們的社會給「金錢」賦予了「富貴」的定義，導致我們願意捨棄自己的自身價值來爭取更多的金錢，以獲得外界的認同。在古老的社會裡，人們願意以物易物，又或者是用勞力換取物資。所以熱心、善良、有力氣、聰明或是有天賦的人，都可以透過自己的技能換取所需的物資，人們的個人價值也比較容易被看到。但由於「金錢」慢慢地成為人們追逐的目標，使得人們不再重視個人價值，而是用金錢的多寡來作為衡量的標準。幾個世紀下來，無論古今中外，人們用金錢的價值來劃分窮人與富人、幸運與不幸。置身在如此強大的信念底下，我們銀行戶頭裡的金額（或者是購買奢侈品的消費能力）成了成功與否的標準，也成了生存的目的。沒錢就等同於沒有能力，這使得我們很容易把自己的未來與金錢綁在一起，也是在追逐金錢的過程當中，由於慾望沒有底線的關係，更容易對未來感到茫然和焦慮。

當人們進入覺知的世代，金錢會開始失去它的意義。我知道很多人用盡一生在追求財富，所以聽到這樣的話時總是難免感到恐慌。就好比將一生投注於工作上的人會很害怕自己的工作被人工智能取代一樣，一旦失去賺錢的能力，就等於失去個人的價值。但我們不需要真的等到那天，因為新的世代早已不斷地向我們證明金錢已經開始慢慢地失去它「富貴、成功」的意義。當人們進入覺知的時代，會開始對自身的價值、人生功課以及平台產生覺知，這會讓他們開始尊重自己和周遭人事物，也會在了解自己的價值的同時注意到他人的價值。他們會開始意識到金錢包裝下的腐敗，並轉而著重提升真實的個人價值。人們會開始重視創作者的資源，而金錢的帳面價值也會隨之產生大幅度的浮動，這讓人們對金錢開始產生不信任感，進而轉向實質的資源，願意用以物易物的方式兌換彼此所需。當這樣的行為開始普遍化，金錢自然會失去其存在的意義。

此外，金錢是由人類所創造出來，而且只適用在人類社會的物品。我之前曾經提過：必須要有辦法合理地套用在自然萬物上，才符合宇宙法則。試想，除了人類以外，有什麼自然生物會因為自己賺了一百萬而興高采烈？既然套用在自然萬物中不合理的話，那表示這樣的標準不符合宇宙法則，也不該是人類用來作為生存的目標。金錢是由人類所創造出來的，但人們賦予它太多的價值，導致我們慢慢地失去自己的個人價值。財富滿貫並不是靈魂之所以投胎所要追求的目標，一旦人們開始找到自己的價值，金錢制度自然會被取代掉。

不過我今天不是要造成大家的恐慌，也不是要教導大家厭惡錢。金錢既然是由人所創造出來的，那就表示它同樣是人類可以吸引來的東西。延續前面文章所說的：若一個人想要擁有富有的感覺，就不應該把這個感覺與任何人事物做連結，因為一旦做了連結便會成為一種期待，有了期待自然就會害怕受傷害。因為在人類邏輯可以預設的百分之十裡面，根本不允許其它百分之九十的可能發生，這使得我們很容易因為事情沒有照著我們期待的方向發展而感到受傷。今天大家都想要顯化吸引力法則，但它的基礎建立在「你是什麼」，而不是「你想要什麼」。很多人找我諮詢時都提到他們想要讓自己變得有錢，但當我問他們多少錢才算有錢的時候，他們卻沒有辦法準確地回答我這個問題。因為他們只是把賺錢當作一種個人價值的衡量標準，等到達一個標準之後再設定下一個追逐的目標，從來沒有真正地去思考他們想要**擁有的感覺**究竟是什麼。很多人覺得自己的人生只要賺了一百萬就輕鬆了，但是卻忘了慾望是無限的，目標也會隨著自己的成長而改變，一旦等到他們賺了一百萬之後，他們又會想要再賺進下一個更大的數目。但無論他們賺了多少錢，都永遠沒有辦法達到那種富足的感覺，因為他們從一開始就沒有正視過自己真正想要追求的究竟是什麼。

我的客戶裡面不乏家財滿貫的資產家，但是他們卻不快樂，也感受不到富足的感覺，因為他們意識到自己的目標會隨著人生的發展而改變。當初辛苦賺錢來追求富裕的感覺如今像是一種追逐數字的遊戲，彷彿永遠看不到終點。為了追求金錢，他們失去生命中重要的東西，更不能理解為什麼自己明明看似擁有一切卻還是不快樂，反倒對未來的目標也感到精疲力盡。這個金錢的目標就像是在驢子眼前掛著的一根紅蘿蔔，彷彿不管再怎麼努力都永遠吃不到。因為我們一直在追逐一個由人類創造出來，也會隨著慾望擴大而變得毫無底線的目標，這讓我們有種怎麼追都追不到的感覺。但如我之前所說，金錢是由人類所創造出來的，所以自然有辦法吸引它。我們必須思考的是：在什麼樣的情況下，金錢才會被人吸引過來。

如果你的內心實際擁有富足的感覺，那麼宇宙自然會回應這樣子的感覺。如果金錢在這個當下可以應和你的富足感，那麼它自然會顯化在你的生活裡面。

但富足的感覺不僅僅只局限在金錢上面，有時候可以是生命的富足感、人際關係的富足感、情感上面的富足感……。宇宙的顯化是全面的，不會單單地只侷限在一樣物品上。如果今天你對富足的定義只局限在金錢之上，但是在其它任何層面上都是感覺到匱乏的，那麼宇宙回應的自然是你的匱乏感，而不是你的富足感。人們之所以追著錢跑是因為我們相信它所帶給我們的價值會遠大過於我們的個人價值。但之所以愈追愈遠的原因在於我們從一開始就不相信自己是富有的，在急著想要擁有的當下，我們更害怕失去。在這樣的信念底下，金錢自然會成為你一直追逐，卻無法擁有的東西。

當人們想要為自己創造未來的時候，與其一味地追逐著某樣物品，並把它當成你的人生目標，更重要的是找到自己真正的信念是什麼、想要成為什麼樣子的人，以及想要得到什麼樣的未來。釐清這些信念都會讓你成為一個強大的磁鐵，進而吸引對應的人事物進入到你的生命當中。所以與其一直追著它跑，不如先讓自己成為可以吸引它靠近的能場。

說一個題外話，很多人閱讀吸引力法則的時候會看到人們建議你要明確地標示出自己想要多少錢，才可以提高它的發生率。這個論點會讓人感到有點矛盾。因為人們對富足的定義難道不會隨著時間的成長而跟著改變嗎？其實在人們可以確切地感覺到富足感的情況下，明確地訂立一個金錢數字並不是一件必需的事。之所以需要明確地訂立一個金額數字是因為人們大多抓不準富足的感覺，得要有個數字作為標準。就好比不自信的人往往需要一個實際的範例或是崇拜的偶像，以幫助他們了解自信是什麼樣的感覺。這也是吸引力法則會建議各位替自己的未來設立一個明確的數字的真正用意。但請允許我再次提醒各位：宇宙從來不會回應你想要什麼，而是你是什麼。你的內在信仰才是顯化你的實相的主要動力。

我常笑說：錢是「人」賺的。由於金錢是由人類所創造出來的，所以自然是只有人才有賺錢的需求。但既然金錢是人所創造出來的，那麼就不應該讓它來掌控自己的人生。既然大家都是有覺知的人，那麼就不要再辛苦地追著錢跑，而是先讓自己成為那個可以把它吸引過來的大磁鐵，讓我們的核心信念將它顯化成為我們的實相。當你實際地感受到富足的感覺，那麼宇宙自然會回應你的需求，將它顯化在你的生命之中。千萬不要用人類的邏輯去預設富裕應該如何呈現在你的面前，因為期待只會限制宇宙其它的百分之九十的發生喔。

不要讓認同感阻止你的成長

・對應頻道200集・

認同感在英文裡叫 **Validation**，指的是別人給你的認可。就猶如上司或是長輩跟你說「做得好」、「你好棒」的感覺。

或許是因為群居生活的緣故，我發現人們總是習慣性地尋找與自己觀念、行為、想法相同的人／族群，好讓自己有種歸屬感。但也正因為這樣的行為，讓我們不管在做任何事的時候都會不自覺地想要尋求他人的認同，藉此來衡量自己。當我們年幼無知的時候，我們會透過父母的認可來學習融入這個社會的標準，這其實是所有自然萬物的生長習慣，就猶如小動物會透過觀察自己的父母來學習生存技能是同樣的道理。這個過程雖然沒有錯，但錯在人類太執著於得到他人的認可，反而變得無法相信自己的判斷能力。

你是否有發現自己不管在做任何事的時候總會想要得到別人的認可呢？任何的自然萬物在初學階段都會透過觀察學習或是他人的認可來找到屬於自己的路，但往往到了某個階段就會開始學習獨立成長。在成長的過程當中總難免會透過許多的錯誤來慢慢地調整自己的技能與感官，進而幫助自己成為可以完全獨立思考以及判斷的個體。這個意思就是說，靈魂尋求印證認可的時間應該只有初學時期，而不該浪費掉你的一生。一旦在初學時期捕捉到最基礎的概念，就應該試著運用在現實生活當中，慢慢地開發出最適合自己的生活模式，以創造出想要的未來。你必須要學著脫離總是需要他人認同的環境，才有展翅高飛的可能。

我很常遇到因為每一個決定都需要得到他人的認同，而導致自己總是在原地踏步的客戶。除了總是急著想要達到終點而忽略了整個過程之外，最常發生的是一旦遇到他人的質疑時也會跟著懷疑起自己，反而變得更需要他人的認同，不然就不敢前進。但人生並不是一條透過仿效他人所走出來的路，而是需要靠自己去探索以及開創出來的。在宇宙底下的任何生命，只要有靈魂的存在都是相同的道理。即便是同一顆樹的種子也不會長出一模一樣的樹，這道理套用在任何人身上都是一樣的意思。我們在初學時期可能需要透過一些指引以及認可來幫助我們理解這個世界，但一旦我們有一點基礎之後，就應該讓自己學會勇敢地探索世界。人們總是得要試過了才會知道自己是否有需要調整以及改進的地方，即便是做錯了也總會有許多補救的方法，才會知道下一次該怎麼做才不會再犯同樣的錯誤。正如前文所提到的，人生不是一個又一個你急著想要到達的目標，沿路的風景才是你的靈魂想要創造出來的回憶。

人之所以需要認可，是因為害怕犯錯，但錯誤之所以存在是希望靈魂可以從過程中得到學習與領悟，而不是因為害怕而照本宣科地走別人為自己安排好的路。由於靈魂的獨立個體性，每個人所需要的過程以及想要到達的結果都是不盡相同的。這也是為什麼創造出專屬自己的道路相對地重要。靈魂之所以投胎是為了期望開創出一條完完全全屬於自己的路，這樣你才有辦法從這個專屬的旅程中得到想要的結果。

我知道有很多人因為習慣得到他人的認同來幫助自己走下一步，但這樣的習慣久了便會成為依賴。到最後你所走出來的不是你自己的道路，而是別人為你安排好的人生。這也是為什麼許多人走到最後卻一點也不開心的緣故。我想要建議各位的是：不要依賴認同感來幫助你前進。因為一旦養成習慣，你就會間接地失去自我判斷的能力。你會害怕去嘗試與犯錯，更不敢開拓別人沒有走過的路。就算犯錯、迷路了又怎麼樣呢？只要你清楚地知道自己未來的目標，那麼你永遠會有許多的方法來幫助你朝著那個方向前進。

以我的女兒為例，她常常因為打排球而扭傷腳踝，為了怕造成永久性傷害，我們決定讓她戴上護踝套，這使得她習慣戴著它打球。但過了一陣子，我們發現女兒只要沒有戴護踝套，她就不敢做大動作的跳躍。於是教練開始建議她不要再穿戴著護踝套打排球，而是試著透過正確的姿勢與方法來強化腳踝的肌肉，不要對護踝套產生依賴。人們所追求的認同感就好比這個例子裡的護踝套，一開始可能真的對你們的人生有所幫助，但如果每一個決定都需要得到認可之後才有辦法做的話，那麼久了之後自然會養成依賴。當依賴產生，你自然不會再相信自己的判斷力，也沒有勇氣一個人走下去。就好比我剛開始叫女兒把護踝套拿掉的時候，她連跑去接球都會害怕一樣。所以試想，別人的認可是否也像這護踝套一樣限制了你的前進呢？

人之所以投胎是為了創造出自己的人生。既然這是一條完全屬於你的旅程，那麼你就更應該知道讓自己獨立、開創出屬於自己的方法是必然的，要不然你就會一直重覆他人的步伐，無法走出自己的人生。如果獨立是必須的，那麼學習承擔所有無論好壞的後果，藉此養成獨當一面的肌肉自然是條必經的過程。所以不要害怕犯錯，更重要的是找到自己未來的方向。不管路途中發生了什麼，鐵定都是為了幫助你的靈魂進化的過程罷了。如果大家都可以這麼想，就可以將所謂的認同感視為如護踝套一樣的存在。它們只適用在你的初學階段，但不應該成為你一輩子的依賴，更不應該阻止你成長、獨立以及前進。靈魂想要在感受歸屬感的同時走出屬於自己的道路，而不是在追求歸屬感的過程中迷失自己。所以學會放下對他人認同的依賴，你才有辦法走出屬於自己的人生喔。

作　　者— Ruowen Huang
設　　計— 張巖
主　　編— 楊淑媚
校　　對— Ruowen Huang、楊淑媚
行銷企劃— 謝儀方

總編輯— 梁芳春
董事長— 趙政岷
出版者— 時報文化出版企業股份有限公司
108019 台北市和平西路三段二四〇號七樓
發行專線—（02）2306—6842
讀者服務專線—0800—231—705、（02）2304—7103
讀者服務傳真—（02）2304—6858
郵　　撥—19344724 時報文化出版公司
信　　箱—10899 臺北華江橋郵局第 99 信箱
時報悅讀網—http://www.readingtimes.com.tw
電子郵件信箱—yoho@readingtimes.com.tw
法律顧問— 理律法律事務所　陳長文律師、李念祖律師
印　　刷— 勁達印刷有限公司
初版一刷— 2022 年 9 月 23 日
初版五刷— 2023 年 10 月 25 日
定　　價— 新台幣 380 元

與自己對齊／ Ruowen Huang 作 .
-- 初版 . -- 臺北市 : 時報文化出版企業股份有限公司 , 2022.09　面；　公分
ISBN 978-626-335-930-7(平裝)
1.CST: 靈修 2.CST: 修身 3.CST: 生活指導

192.1　111014332

時報文化出版公司成立於一九七五年，並於一九九九年股票上櫃公開發行，於二〇〇八年脫離中時集團非屬旺中，以「尊重智慧與創意的文化事業」為信念。